Ot Hoffmann

Kleidung statt Mode

Mit 14 Thesen und Anleitungen, Kleider selber herzustellen

Fischer
Taschenbuch
Verlag

fischer alternativ
Eine Reihe des Fischer Taschenbuch Verlages
Herausgegeben von Rudolf Brun

Originalausgabe
Veröffentlicht im Fischer Taschenbuch Verlag GmbH,
Frankfurt am Main, Juni 1983

8.–10. Tausend: März 1984
Umschlagentwurf: Peter Hajnoczky, Zürich

Satz: Fotosatz Otto Gutfreund, Darmstadt
Druck und Bindung: Clausen & Bosse, Leck
Printed in Germany
880-ISBN-3-596-24086-7

Inhalt

Einleitung: Der Mensch und seine Kleider 5

Die 14 Thesen zu unmodischer Kleidung 13

1. Prinzipien einer Reformierung der Kleidung 15

Grundlagen 15
- Prinzipien sinnvoller Bekleidung 15
- Bekleidung, Häute der Zwiebel 20
- Kleidung als Hülle und Behälter 23
- Exkurs: Die Hose muß sitzen 26

Emanzipation durch Kleidung und deren Einzelfaktoren 27
- Das Abschneiden von Zöpfen 30
- Höchste Qualität: »Immer wieder nichts Neues« 33
- Einfachheit – Bescheidung 35
- Weiterverwendbarkeit – Reparierbarkeit: Wider den Einmalgebrauch 38
- Selbermachen – Selbstausprobieren 40
- Zuschneiden, nicht zerschneiden 42

Material und Behandlung 44
- Stoff 44
- Naht, Dekor und Farbe 46
- Das Material und seine Pflege 48

Die »stille Vernunft« 51
- Abgucken von Primitiven 54
- Schützenhilfe aus der Vergangenheit 56

Aufruf zum Protest 57

2. Entwicklung von Reformkleidung – ein Beispiel 59

Ein persönlicher Bericht 59
- Erinnerungen 59
- Frühere Versuche 61
- Erste Zwischenstufe zum Reformanzug 63

Möglichkeiten der Reformkleidung; dargestellt an einem Modell 67
Das Hemd 67
Die Hose 70
Die Jacke 72
Der Umhang 74

Weitere Anregungen zur Reformbekleidung 77
Fuß-Bekleidung 77
Kopf-Bedeckung 85
Versuche mit Sonderkleidungsstücken 87

Anhang 1: Modereformen – Rückblick und Ausblick 93

Anstelle einer Einleitung 93
Kleiderreformen 94
Exkurs: Reformkleid ohne Reform 103
Reform infolge politischer Änderungen 105
Exkurs: Ergänzende Notizen zur Französischen Revolution und ihren Folgen 108
Kleiderreformen in der frühen UdSSR 109
Reformen der Nachkriegszeit (DDR bis China) 114
Was trugen die Revoluzzer? 116
Hommage à Hedwig Buschmann 117
Hommage à Adolf Loos 120

Anhang 2: Kritische Beobachtungen 124

Das Spannungsfeld: Kleidung – Mode 124
Anregungen für den Leser 126
Die junge Generation und ihre Kleidung 127
Beispiele für frühe Vernunft 135
Macht und Wirkung von Kleidung 137
Mode und Markt 142

Anhang 3: Nachweise, Verzeichnisse, Register 149

Literatur und Quellen 149
Namenregister 153
Sachregister 155

Einleitung: Der Mensch und seine Kleider

Ob der Mensch ursprünglich eine natürliche Kleidung in Form eines Haarpelzes gehabt hat oder nicht – darüber ist oft genug und nachhaltig bis zu literarischen Beiträgen gestritten worden; eine müßige Diskussion.

Viel wichtiger scheint mir zu sein, zu erkennen, daß der Mensch als einziges Lebewesen sich so weit vom Natürlichen entfernt, daß er es nötig hat, anderen Lebewesen den Pelz über die Ohren zu ziehen oder Pflanzen zu vernichten, um selbst zu überleben. (Eigentlich eine scheußliche Bedingung, in dieser Weise vom Zerstören abhängig zu sein.)

Die Anpassungsfähigkeit des Menschen, in großer Kälte ohne Kleidung auszukommen, scheint in historisch belegbaren Zeitabschnitten sehr gelitten zu haben, wenn man bedenkt, daß Cook und Darwin die Feuerländer nackt vorfanden und wir Nordländer bei weniger als 20°C Raumtemperatur bereits steife Hände bekommen.

Es gäbe also theoretisch durchaus die Möglichkeit, Menschen alles das wiedergewinnen zu lassen, was sie einmal als ganz selbstverständlich besaßen, nämlich ein FKK-Leben von Grön- und Feuerland über unsere Breiten bis Afri- oder Amerika.

Dagegen scheint der Mensch aus irgendeinem tieferen Grunde etwas einzuwenden zu haben: Gerade dann, wenn er der Kleidung am wenigsten bedarf, häuft er sie auf sich, wie Nachtigal und andere damals in Afrika bei sogenannten Unterentwickelten und wir alle heute bei den boutiqueabhängigen Überentwickelten beobachten.

Aufschlußreich ist auch die Bedeutung von Kleidung in den Religionen. Wenn wir nur bei der Bibel bleiben, so ist ja die Vorstellung, die mit der Nacktheit des Menschen unmittelbar verbunden ist, seine Unverdorbenheit vor dem Sündenfall.

Die Gleichheit in Nacktheit ist es aber, die viele, sehr viele Menschen stört, weil Menschen nicht gewohnt sind, ohne die Wohnung »Kleidung« und das damit verbundene Prestige auszukommen. Diese Tendenz, sich einen Anstrich von irgend etwas zu geben (sei es mit Hilfe von Stoff oder angestrichener Bemalung), ist bis zu als Nebensächlichkeiten bezeichneten Eigenheiten weit über den engeren Rahmen der Kleidung hinaus

Zeichnung 1: Schöne Frau... soll ich Sie abkehren? Karikatur zur Krinoline von Honoré Daumier (1838).

auch in den Accessoires nachzuweisen: Es fiel mir auf, wieviel unbedarfte Parteigänger sich mit Attributen wie Shagpfeifen und anderem garnieren.

Mich selbst stört diese Nacktheit nur manchmal. Vor mir gleichgültigen Menschen macht es mir nichts aus, nackt zu erscheinen. Vor Menschen, zu denen ich eine (nicht intensive) Beziehung habe oder vor solchen, die ich nicht riechen kann, möchte ich lieber angezogen erzogen erscheinen.

Ich führe das an, weil man das Problem der Schamhaftigkeit – auch ein Grund, Kleidung zu tragen – viel zu schematisch zu erklären sucht. Vielleicht kommt man den Menschen und damit dem heutigen Menschen näher, wenn man davon ausgeht, daß man die meisten nicht über einen Kamm scheren kann.

Es hat ja gar keinen Sinn, auf irgendwelche Natürlichkeit irgendeines Naturvolkes als richtunggebendes Beispiel hinzuweisen, wenn man die verschiedenartigen Bedingungen nicht berücksichtigt, die dazu führen können, daß das irgendwo Richtige anderswo, z.B. hier, einfach falsch ist.

Versuchen wir also nicht, Parallelen oder Vorbilder in der Kultur für uns andersentwickelter Völker oder in grauer Vergangenheit zu finden, wie das so Mode in unserer Zeit wird, sondern betrachten wir die Notwendigkeit der Kleidung zwar nicht als naturnotwendig, aber doch als zunächst sinnvoll, so wird sie immer ganz selbstverständlich in die Kategorien des zu Gestaltenden aufgenommen werden müssen.

Und präzise an dieser Stelle ist unser Ansatz zu finden, wie wir denn diese zweite notwendige Haut unseres Körpers »gestalten« wollen.

Wir können das mit (repräsentativem) Aufwand, (schamhafter) Verhüllung, (sinnvoller) Drapierung, mit Stil, Rückgriff, Nonchalance, Anpassung, Unbeteiligtsein tun, aber wir müssen immer Stellung nehmen; und wir zeigen uns. Wir zeigen uns durch die Kleidung mehr als durch Nacktheit. Die Gleichheit der Nacktheit macht uns auch weniger individuell. Die Kleidung macht uns leichter erkennbar, wir verraten uns.

So kann man eine Widersprüchlichkeit diagnostizieren, nämlich: Je mehr wir uns verhüllen, desto mehr zeigen wir uns (selbst) nackt.

Wir verraten aber nicht nur anderen etwas von unserer Individualität durch die Kleidung, die wir tragen, sondern viel, viel mehr. Eher bei Frauen als bei Männern (die lieber in Konventionen verharren) gibt die gewählte Kleidung Auskunft über zeitweise Stimmungen, Gefühle. Ein aufgekratzter Mensch ist bereit, einen lustigen Hut aufzusetzen und einen bunten Schal anzulegen, ein trauriger wird dies eher zu vermeiden suchen.

Es ist gleichsam so, als wolle man anderen mit Hilfe der Kleidung signalisieren: »Mein Gott, bin ich deprimiert« oder »Happy days are here again...«

Gar so weit von der Natur sind wir dabei keinesfalls entfernt, denn die Paarungsfärbung führt zu Änderungen der Erscheinungsbilder, die von den jeweiligen Artgenossen, aber selbst von uns Menschen als »schön« empfunden werden. Im Sprachgebrauch kennen wir Menschen dies auch noch: »Liebe macht schön.«

Das Verhalten »unterentwickelter« Frauen läßt sich direkt von diesen natürlichen Vorgängen ableiten. Indem sie versuchen, durch ständig wechselnde Garderobe das »Männchen« auf sich aufmerksam zu machen und anzuziehen, bewegen sie sich im Grunde auf einer animalischen Stufe. Tiere haben jedoch den Menschen voraus, daß sie die Paarungsschmückung nur in bestimmten, meist einjährigen Zyklen zeigen, während aus der wechselnden Garderobe die dauernde Bereitschaft, aber auch die Unstetigkeit hervorgeht.

Sich kleiden heißt auch, sich unterscheiden. Würde – ein Gedankenspiel – allen Menschen nur ein einziges Kleidungsstück verordnet, etwa ein Hemd, so trägt selbst dies zur deutlicheren Unterscheidung bei, indem es den Langen noch länger macht, den Kurzen noch kürzer.

Die Unterscheidung durch Kleidung wäre erst dann annulliert, wenn es gelänge, eine einzige Form durch entsprechende Anpassung an die Figur jedes Menschen einzuführen; eine Art von für das Individuum maßgeschneiderter Uniform.

Aus diesen Gründen brauchen wir gar keine Angst zu haben, daß die

Rückführung der Kleidung auf einfache und sinnvolle Prinzipien etwa der Gleichmacherei Vorschub leiste. Durch die ablesbare individuelle Abwandlung und Anpassung wird jedem die Variation (die sich auf den Träger bezieht und nicht auf irgendwelche Couturiers oder Kaufhäuser) sofort erkennbar. Daher ist die Wandelbarkeit ein so wichtiger Grundsatz in der Bemühung, richtige Kleider für die Menschen zu entwickeln.

Dem ersten Anschein nach zu urteilen, geht die Entwicklung der Kleidung vom Einfachen zum Komplizierten. Das mag für heute zutreffen. Für lange Entwicklungsperioden war das aber anders. Der Fortschritt ging von einem Einfachen zum anderen.

Die prähistorischen Funde zeigen uns – ebenso wie »zurückgebliebene« Völker (z. B. die Eskimos) – die Fellkleidung entweder als unverändertes Vlies (zuerst zog man dem Tier das Fell über die Ohren, dann sich selbst) oder röhrenförmiges Zusammennähen. Eine antike Statue, ein Silen im Satyrdrama (Baumeister, Denkmäler des klassischen Altertums) dokumentiert diese Form.

Als man dann Stoffe herzustellen verstand, ist man wiederum zwei Wege gegangen, den der Imitation der Fellkleidung (wie wir sie von den Moorleichen von Marx-Etzel/Hannover und Jütland kennen) oder der gar nicht oder wenig veränderten Herstellungsform mit Anpassung an die Körperform durch Drapierung (Himation der Griechen, Toga der Römer).

Lange Zeit wurde die Kleidung vorwiegend unter dem Gesichtspunkt der Brauchbarkeit und in Abhängigkeit von der Herstellung gefertigt, und zwar zunächst in der Regel von jedermann für sich selbst. Dabei ist es interessant festzustellen, mit welcher Beharrlichkeit man gewohnte Formen beibehielt, obschon sich die Herstellungsbedingungen änderten, so z. B. (möglichst rechteckige) Einzelteile, die aus dem Weben von Stoffen resultierten. Man kann das so auffassen, daß Menschen die mit der gewohnten Kleidung einmal gemachten Erfahrungen nicht so ohne weiteres aufzugeben bereit waren, als (bei uns seit etwa 1100) der Zuschnitt sich einführte.

Vielleicht kommen wir dem Verständnis dafür näher, wenn man sich darauf besinnt, in welcher Weise Mensch und Kleidung physikalisch/biologisch miteinander verbunden sind:

Der biologische Energiestoffwechsel des lebenden Menschen ist eine unabänderliche Gesetzmäßigkeit, die man niemals ungestraft unberücksichtigt lassen noch verbiegen kann. Unsere Umhüllung können wir in drastischer Weise ändern bis hin zu technischen Hüllen wie Auto oder Raumanzug – der Körper des Menschen funktioniert unverändert. Paßt etwas – z. B. nicht atmungsfähige Kleidung – nicht in sein Prinzip, so reagiert er mit Krankheit oder gar Tod. (Schon starke Teilverbrennungen der Haut bewirken Todesgefahr.)

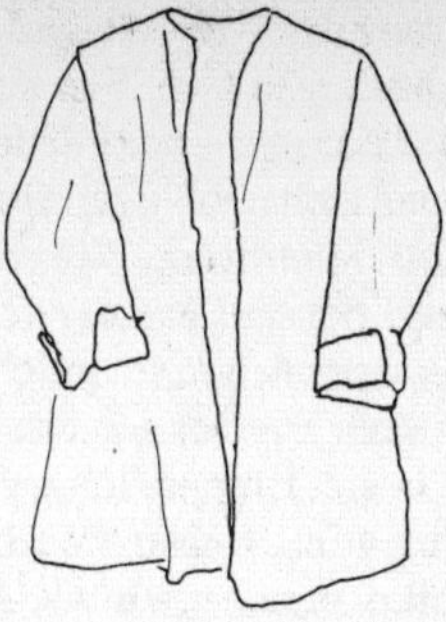

Zeichnung 2: Rock ohne Naht, gewebt von dem Weber Harmen von Hoeffel (Bremen 1644).

Veranschaulichen wir uns das detaillierter mit nur einer Komponente, der Körperwärme. Sie wird durch nicht weniger als fünf Einzelfaktoren beeinflußt, nämlich die Verdunstungswärme durch Atmung und Schwitzen, die Wärmestrahlung und Konvektion sowie die direkte Wärmeleitung (mit bloßen Füßen auf Stein stehen). Alle diese Faktoren sind wiederum mit andersartigen gekoppelt, so dem Feuchtigkeitshaushalt.

Man macht sich häufig keine richtigen Vorstellungen von den gewaltigen Energien und Mengen und insbesondere nicht von den vielen Einflußfaktoren, die vom Menschen her und zum Menschen hin wirksam sind und für die wir den Architektenbegriff »Wohnklima« oder »Behaglichkeit« auch auf die Kleidung übertragen können. Diese wichtigsten »biotropen Klimakomponenten«, um wiederum nur bei einem Teilaspekt als Beispiel zu bleiben, sind Temperatur, Feuchtigkeit, Druck, Luftbewegung und -erneuerung, Luftelektrizität. Wohlbehagen (und damit in Verbindung stehend: Gesundheit) entsteht nur dann, wenn die Komponenten in ihrer Gesamtheit auf die biologischen Bedürfnisse der Menschen harmonisch (und möglicherweise sogar individuell sehr unterschiedlich!) abgestimmt sind.

Jeder kennt das, leider ohne es auch konsequent zu beherzigen. Ein noch so »warmer« Mantel, gefüttert mit den besten Daunen ist bei kalter Witterung schädlich, wenn er außen aus Material gearbeitet ist, das nicht »atmet«, genauer formuliert einen hohen Dampfdruckwiderstand besitzt. Denn innerhalb der dämmenden Füllung bildet sich Kondensat, das zu allem Unheil auch noch die Dämmwirkung der Füllung herabsetzt. (Der Laie sagt fachlich etwas unrichtig formuliert »Nasses isoliert schlecht«.)

Insofern ist die Beschäftigung mit gesunder Kleidung nicht eine Mode der Alternativen, sondern unumgängliche Notwendigkeit für jeden vernünftigen Menschen, der sich nicht selbst ruinieren will.

Für diejenigen, die diese allgemeinen Hinweise etwas wissenschaftlicher haben möchten: Nach *Balint* entwickelt der Mensch im Haus beim Schlafen 75 kcal/h entsprechend 87 Watt, beim Schreiben bereits 115 kcal, 133 Watt, bei der Handwäsche 245 kcal, 284 Watt und bei intensivem Heimsport 875 kcal, 1015 Watt! (1 kcal = 4,2 kJ) Die Energie, die vom Heizwerk Mensch täglich ausgeht, ist im Mittel gerechnet ausreichend, um 25 Liter Wasser zum Kochen zu bringen. Nach *Wolpert* produziert dieser Mensch neben anderem wiederum als Mittelwert 40 Gramm Wasserdampf in einer Stunde!

Die Themenbereiche Kleidung und Wohnung sind gegenseitig übergreifend. Ich betrachte die Kleidung als ein Teilgebiet aus dem Sammelbegriff Architektur.

Vor mehr als einem Jahrzehnt wurde ich als mit Wohnungsbau befaßter Architekt zu einem internationalen Wettbewerb zum Thema »Neues Wohnen« aufgefordert. Bei der Bearbeitung wurde mir die unauflösliche Verbindung von Mensch und Kleidung, Mensch und Wohnung, Mensch und Wohnumgebung klar, so daß ich versuchte, sie in Diagrammen darzustellen.

Ich fand das Bild einer Zwiebel mit vielen Schalen. Über der ersten, natürlichen Haut des Menschen liegt die zweite, die Kleidung, darum die dritte, die Wohnung, und die vierte, die Wohnumgebung.

Ich hatte damals schon viel mit Kleidung experimentiert und auch schon einige Prinzipien entwickelt, die ich heute noch vertrete. Dies schien mir nun als eine bloße Beschäftigung mit der Oberfläche. So begann ich mich mit Wirkung und Gegenwirkung dieser Häute auf den Menschen und von ihm aus zu beschäftigen. Außerdem interessierte mich die Wirkungsweise der Häute untereinander, also Kleidung mit Wohnung usw. Die letzte Beschäftigung galt (anläßlich eines IDZ-Wettbewerbs) dem Wohnumfeld (wie man die vierte Haut heute nennt), bei der ich an einem geplanten und gebauten Objekt, meinem eigenen Haus in der Stadt, die Verklammerung von Mensch, Haus und Stadt beispielhaft nachzuweisen versuchte.

Diese Zwiebeltheorie wirkt etwas schematisch, wenn man die nichtquantifizierbaren, feinen Schalen nicht erwähnt, die durch einen anderen und andere Menschen und die Beziehungen zu ihnen gegeben sind.

Bei meiner Arbeit wurde mir zum einen die Wichtigkeit dieser Häute für die Existenz des Menschen bewußt – und die Kleidung ist die allernotwendigste –, zum anderen aber auch der geringe Wert, den Menschen ihnen beimessen. Kleidung (aber auch Wohnung) ist für die Menschen nahezu »wertlos« geworden; er läßt sich auf diesen Gebieten nahezu vollständig »fremdbestimmen«.

Die Häute scheinen uns zudem lockerer um den Körper zu schlottern.

Kleidung und Wohnung waren beispielsweise einmal viel mehr übereinstimmend als heute. Bestenfalls erinnern noch Worte an gleiche Herstellungsverfahren für Kleidung und Haus (z.B. Flechten).

Claude Lévi-Strauss macht bei einem Besuch eines Kuki-Dorfes an der birmanischen Grenze, das er von nackten Bewohnern besiedelt findet, folgende Feststellung: *»Die Nacktheit der Bewohner erscheint durch das gesamte Gras der Wände und die Fasern der Palmblätter geschützt: Sie schlüpfen aus ihren Wohnungen, als ob sie riesige Hausmäntel aus Straußenfedern ablegten.«* (Traurige Tropen, Frankfurt 1978)

Bei der Benutzung des Hauses deuten viele Verhaltensweisen auf diese Verbindung hin: Das Beduinenzelt, eine ursprünglich aus Stoff bestehende Hülle, darf von Fremden nicht ohne weiteres betreten werden, so als wären die darin wohnenden Frauen »nackt«. Ja selbst in der Steinarchitektur sind aus dem Mittelalter überliefert oder im heutigen Orient noch heute praktiziert ähnliche Verhaltensweisen bekannt. Die Verknüpfung von Architekturbegriffen und Fachbezeichnungen aus dem Textilbereich sind uns in großer Zahl geläufig: Dachdecke, Wandbekleidung, Verkleidung, Verbindung, Knoten, Wulst, Netz usw.

Auch viele andere Parallelen zwischen der Wohnung Kleidung und der Kleidung Wohnung sind auffallend. Zum Beispiel hat weiterentwickelte Technik oft die materialgegebenen Ornamente der vorhergehenden Zeit materialfremd übernommen: Stoffkleidung zeigt den »Besatz« aus der Fellkleidung, Töpfe weisen Schnur- und Bandwerksornamente des geflochtenen Vorgängers auf, die Kannellur der Steinsäulen soll von Schilfbündeln abstammen, die Tektonik des griechischen Tempels vom Holzbau.

Beim Studium der Bücher über die Geschichte der Mode fällt auf, daß, von wenigen Ausnahmen abgesehen, die Modegeschichte der (heute nennt man das so:) herrschenden Schichten abgehandelt wird, jedenfalls der Kleidung eines sehr kleinen Teils der Bevölkerung. Ähnlich ergeht es uns ja mit der Geschichte der Architektur.

Schon bei den wenigen uns überkommenen Beispielen für »Alltagskleidung« wird jedoch der große Unterschied zwischen dem klar, was man »alltags« bei der Arbeit trug, und dem, was man festtags oder in den »höheren Ständen« bevorzugte.

Je weiter wir in der Geschichte der optischen Zeugnisse zurückgehen, desto mehr finden wir offensichtlich die repräsentative Kleidung verewigt. Wollen wir aber ältere Abbildungen zu Rate ziehen, so müssen wir ihren Gehalt sehr sorgfältig überprüfen. Vieles von dem, was anscheinend als Folklore aus früheren Zeiten in unsere herübergerettet wurde, erweist sich als problematisch (die Dirndlmode) oder gar falsch, weil erst im 20. Jh. erfunden.

Ein unbestechliches Zeugnis können wir da erwarten, wo die Kleidung sozusagen unbeabsichtigt in das Bild aufgenommen wurde, wo sie also nicht dem Zweck des Bildes diente, wie etwa bei den romantisierenden Zigeunerbildern, sondern Menschen eher die Rolle der Statisten übernahmen.

Das Studium der Geschichte der Kleidung hat mich zudem gelehrt, daß es bisher keine Kleidung gab, die sich auf Dauer mit Erfolg der Mode, besser hieße es »Tendenz«, entziehen konnte. Dennoch möchte ich die sicherlich aufschlußreichen Aspekte des Modischen außer Betracht lassen. Sie können das Ergebnis neuer Kleidung sein, nicht die Bedingung dafür.

Keinesfalls möchte ich in den Geruch eines Reformers oder Kleidergurus kommen (denn ich reformiere mich ja nur selbst), noch könnte man mich auf den psychologischen, kulturellen/technologischen Aspekt reduzieren; was mir besonders zuwider ist, wäre eine Eingliederung dieses Versuches in Tagesmoden, wie die »Beschäftigung mit Alltagskultur«, obwohl mir gerade dieses Gebiet – eher aus unausgegorener menschlicher Verpflichtung – am Herzen liegt.

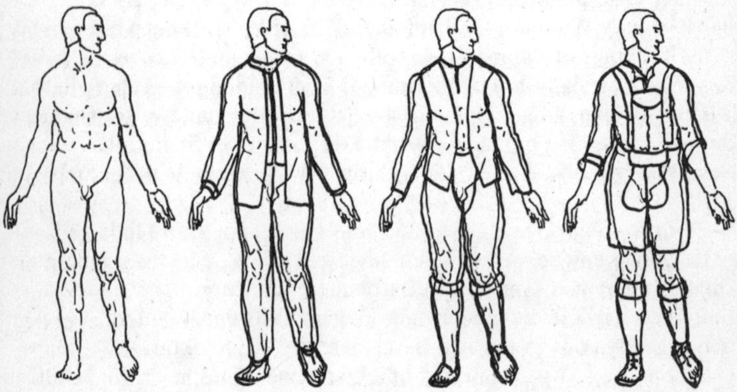

Zeichnung 3: Meine Kleider – Deine Kleider: Die bewußte, individuelle Gestaltung der den Menschen umgebenden Dinge ist die neue Kunst unserer Zeit. Das Museum ist überall, wie alle zugleich Künstler und Kunstbetrachter sein können. Jeder soll für sich selbst seine eigene zweite Haut entwickeln und herstellen. Wie seine Kleidung aussieht und ihn bezeichnet, das bestimmt er selbst. Die Übereinstimmung stellt sich durch die Antwort auf die Bedürfnisse ein (2. Figur: Reformanzug, 3. Figur: Bauernkleidung, Reinheim, Odw. um 1750). Rückgriffe und Anleihen enden meist, wo sie begannen: in der Mode. (Die Krachledernen waren nicht Volkskleidung, 4. Figur.)

Von dem Steigerungsversuch: Kleidung – Mode – Kultur halte ich trotz René König nicht viel – besonders weil die Reihung auch umkehrbar ist. Ob, wie er glaubt, »alle Stile einmal als Mode begonnen haben«, möchte ich in dieser Allgemeinaussage bezweifeln.

Hoffnung habe ich geschöpft durch eine Untersuchung über die individuellen Unterschiede bei Menschen von *J. C. Flügel (The Psychology of Clothes)*, wonach die Beziehungen zur Kleidung so unterschiedlicher Art seien, daß eine bloße Nachäffung sich von selbst verbietet. Mein Interesse galt daher dem Verbindlichen für alle Menschen eher als der Ausprägung individueller Details.

Die 14 Thesen zu unmodischer Kleidung

Warum dürfen nur Frauen, Araber und Priester weite, bequeme Kleidung tragen?

1. Die individuelle Figur hat Priorität vor allen modischen Verkleidungen. Schulterpolster, Wattierungen, Versteifungen sind alte Zöpfe; sie verfälschen die Figur in Richtung des gerade propagierten Einheitsaussehens.
2. Die individuelle Figur läßt sich nicht in die willkürlich festgelegten Konfektionsgrößen pressen. Sie darf andererseits nicht so überbewertet werden, daß für jeden Menschen eigene Schnitte herzustellen sind. Toleranzen sind an den richtigen Stellen vorzusehen.
3. Der Zwang zu immer wieder Neuem ist verwerflich und barbarisch. Dieser Zwang wird auch dadurch ausgelöst, daß neben systematischer Veralterung (unmodern) und eingeplantem Verschleiß (mindere Stoffqualitäten) für immer mehr Zwecke immer speziellere Kleidung geschaffen wird.
4. Der Mensch steht nicht in der Kleidung wie eine Modepuppe, sondern er geht, sitzt in ihr. Kleidung ist wie eine weitere (elastische) Haut und nicht wie eine Zwangsjacke.
5. Der Mensch hat z.B. für das Theater keine spezielle Haut bekommen, also braucht er auch keine spezielle Kleidung dafür neben der Kleidung für Freizeit, Beruf, Haushalt, Garten, Fest...
6. Die Herstellung der Kleidung muß ein Prozeß sein, der dem Menschen Freude macht. Lange Vorbereitungen zerstören Spontaneität. Während der Anfertigung nach irgendeinem von vielen Grundmustern muß es möglich sein, korrigierend einzugreifen.
7. Die Herstellung muß so einfach sein, daß jeder sie ohne große

Vorbildung schafft, ohne Schneidermeister werden zu müssen. Das setzt einfache Schnitte und einfache Methoden (Nähte) voraus.

8. Das Grundmuster muß Variationen in sich besitzen und Accessoires nicht ausschließen, auf Wetteränderungen »reagieren« können.
9. Ein Kleidungsstück soll mehrere Funktionen erfüllen können (z. B. Kapuze als Kragen), es soll verlängerbar und kürzungsfähig sein.
10. Kleider sind nicht nur eine zusätzliche Haut, sondern auch Behälter. Handtäschchen und ähnliches ist auch bei Frauen entbehrlich. Alle Dinge, die der Mensch ständig braucht, sollte er ohne zusätzliche Aufwendungen stets mit sich führen können.
11. Kleidung sollte einfach zusammenlegbar sein (Schrank, Transport).
12. Kleidung muß einfach zu reparieren sein. Dafür kommen austauschbare Einzelteile in Betracht. Details, die infolge ihrer Beanspruchung notorisch zu Verschleiß führen, sind zu vermeiden (Knopflochränder, Reißverschlüsse mit enger Überlappung), Klettverschluß ist oft besser. Außerdem gleicht er Toleranzen gut aus.
13. Stoffbahnen zu zerschnippeln, ist eine Barbarei und Verschwendung. Zur Wiederverwendung sind Stoffteile möglichst bahnenbreit oder großteilig zu verwenden. Jeder Schnitt quer in den Stoff (Abnäher) sollte Schmerzen in den Händen verursachen.
14. Natürliches Material ist zu bevorzugen, aber kein Dogma. Nichtstoffe (Plastik) sind aber nicht wie Stoffe zu behandeln.

(Diese Thesen wurden anläßlich des 75jährigen Bestehens des Deutschen Werkbundes 1982 in München postuliert.)

1. Prinzipien einer Reformierung der Kleidung

Grundlagen

Prinzipien sinnvoller Bekleidung

Wer seine Person gestaltet, dessen Leben wird wahr... wer sein Leben gestaltet, dessen Leben wird reich...

(Laotse)

Der Mensch kann sich auf den Kopf stellen, sich legen, strecken, beugen... Seine Kleidung wird ihm gehorchen, wenn sie weit genug ist und richtig befestigt wurde. Die Weite (»Fülle«) der Kleidung hat ihre Grenze dann erreicht, wenn sie behindernd um den Körper schlabbert, die Befestigung, wenn sie einengt. Dazwischen kann man tun und lassen, was man will.

Legt man nur diese beiden von vielen anderen noch notwendig folgenden Forderungen an unsere heutige, übliche Kleidung an, so wird man bald gewahr, daß diese in hohem Maße sinnwidrig ist. Seltsamerweise sind es gerade die Kleidungsstücke, die noch am ehesten »Freiheit« bezeichnen sollten, die »Freizeitkleider«, welche am schlabberndsten oder zwängendsten sind. Das anhaltend beste Beispiel dafür sind die Jeans, die soviel uniformierte Zustimmung um jeden Preis (dies wörtlich im Sinne von Geld genommen), finden, daß jede vorsichtige Kritik stets mit einem trotzigen »trotzdem fühle ich mich wohl« beantwortet wird.

Es gibt für Kleidung, solange der Mensch mit seinem Körperbau unverändert in Erscheinung tritt, nur wenige »Befestigungspunkte«, nämlich auf den Schultern (evtl. noch Kopf und Hüfte und Knöchel und Handgelenk). Er braucht zur Bewegung, die sich zwar in Häufigkeit, nicht jedoch im Prinzip ändern kann, »Weite« im Bereich des Rumpfes (der Knie und Ellbogen).

Ideal erfüllen alle Forderungen das Hemd, die *Galabiya*. Nicht umsonst tragen Männer dann, wenn sie besondere Bequemlichkeit schätzen, das (Nacht-) Hemd.

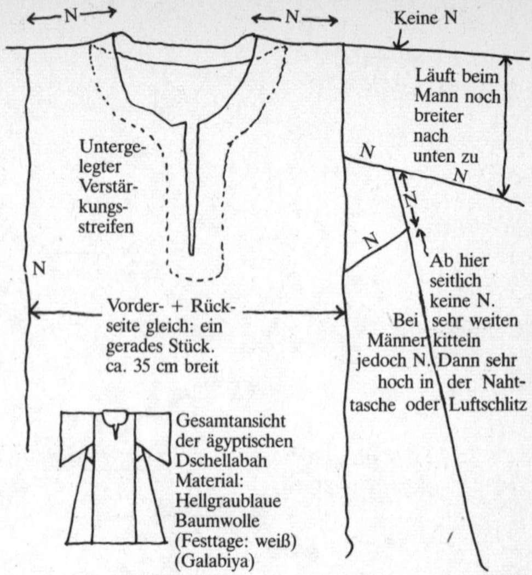

Zeichnung 4: Weites Hemd als Universalkleid: Galabiya (Ägypten) mit Detailangaben.

Daß jedoch der Sinn und damit das Sinnvolle nicht logischerweise auch Eingang in die heutige Kleidung finden, ist hier bei uns wie anderswo offensichtlich. Bei anderen wird's uns üblicherweise deutlicher: Die afrikanischen Repräsentanten schwitzen unter nordeuropäischer Kleidervorschrift; noch fühlen sich ihre Untertanen pudelwohl. Wie lange wohl noch?

Alle *»einfachen Völker«*, von den Germanen über die Perser, Griechen und Römer – haben jeweils zu Zeiten, in denen sie von den Kunstgeschichtlern als »früh« bezeichnet werden – sinnvolle Kleidung getragen, Mann wie Weib! Oft hatten sie – wie bei den Germanen – nicht einmal unterschiedliche Worte für Männer- und Frauenkleidungsstücke. Ein schöner Gedanke an ursprüngliche (Kleider-) Gleichheit; der »Rock« bedeutet heute noch zweierlei.

Wesentlicher noch ist die Tatsache, daß alle *»ursprüngliche«* Kleidung »verpackend« war, d. h. im Grunde aus einem drapierten Stück Tuch (oder Fell) bestand, das erst in viel späteren Zeiten seinen »Schnitt« erhielt. Dies mag zunächst als unwesentlich erscheinen, erhält aber seine Bedeutung dadurch, daß es früher dem einzelnen Menschen möglich war, sich nach seinem Geschmack oder Bedürfnis zu drapieren, ehe später andere diese Aufgabe für ihn stellvertretend übernahmen.

Bei den Griechen wurde die Gestaltung der Kleidung als künstlerische

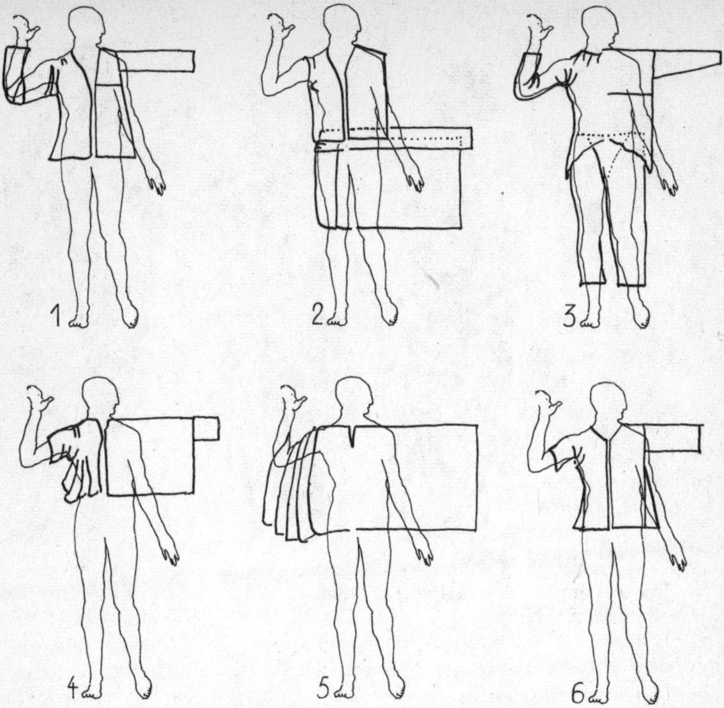

Zeichnung 5: Variationen in sinnvoller Kleidung. Dargestellt ist jeweils in der rechten Figurenhälfte der schematisch gezeichnete Schnitt. 1 = Lederrock der Naskapi, 2 = Weste, Kilt und Schärpe der Hopi, 3 = Lederhemd und Leggins der Blackfoot (vgl. die Röhrenhose im Kap. 2, Zeichnung 22 und 24), 4 = Poncho aus dem Cochabamba-Tal (Südamerika), 5 = Uncu der Inkazeit, 6 = Kinderhemd (nördl. plains). (Völkerkundemuseum Wien).

Aufgabe anerkannt und die Schönheit des Faltenwurfs an den Schulen gelehrt. Es scheint also dabei nicht darauf angekommen zu sein, die Kleidung immer wieder in besonderer Weise zu ändern, sondern eine vorgegebene Kleidungsart (möglicherweise angepaßt an das jeweilige Individuum) wirkungsvoll, d. h. künstlerisch anzuordnen.

William Morris noch erklärte, daß ein unbequemes Kleid nicht schön sein könne und daß die Schönheit eines Kleides vor allem im Faltenwurf liege. In vielen Bereichen wird heute der Versuch unternommen, zu einfachen Prinzipien, die man heute kompliziert Selbstbestimmung nennt, zurückzukehren. Seltsamerweise hat diese Tendenz sich jedoch

Foto 1: »Verpackende« Kleidung. Röm. Ehepaar um 75 n. Chr. (Röm.-Germ. Zentralmus. Mainz).

Foto 2: »Verpackende« Kleidung als römischer Einfluß. Kelten 1. Jh. n. Chr. (Röm.-Germ. Zentralmus. Mainz).

nicht in der Kleidung, die uns doch nicht nur sprichwörtlich näher ist als das Wohnen, niedergeschlagen. Bisher.

Die Hilfsmittel, die früher zur Drapierung, d.h. zur Anpassung an den jeweils verschiedenen Körper notwendig waren (Fibeln, Nadeln, Schnallen), sind uns heute noch z.T. in sinnloser Schmuckform (Gemme, Medaillon, Brosche und »Sticks« mit Parolen) als übliche Bestandteile der Kleidung geblieben. Durch zeitgenössische Verbindungsmittel (Druckknopf, Reißverschluß, Klett- oder Gummiband) können sie eine Nachfolge erhalten.

Weder der einfache Lendenschurz noch die Toga – beide ein Stück Verpackungstuch – können für das nordeuropäische Klima und die zeitgemäße Inanspruchnahme unveränderte Vorbilder abgeben. Wenn wir jedoch von einer sinnvollen »Verpackung« einzelner Glieder ausgehen, müssen wir Parallelen zu frühgermanischer, indianischer oder eskimoartiger Kleidung entdecken.

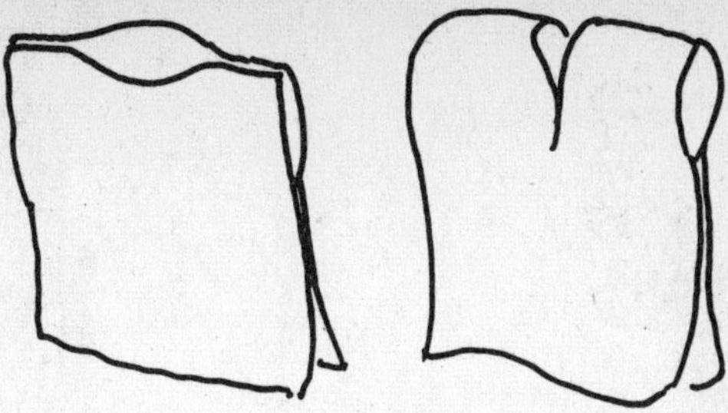

Zeichnung 6: Entwicklung aus Logik. Zwei Teile (Felle) mit oberem Querschlitz (links). Ein Teil (Gewebe) mit oberem Längsschlitz (rechts).

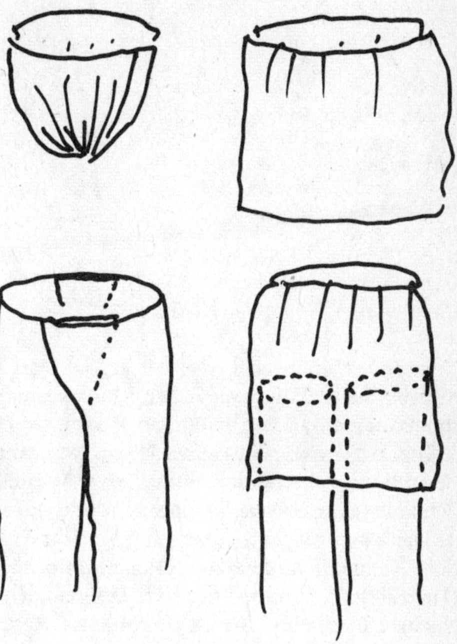

Zeichnung 7: Entwicklung durch Addition. Schambinde (Schurz) und Schamdecke (Lendentuch) als Vorläufer von Hose und Leggins.

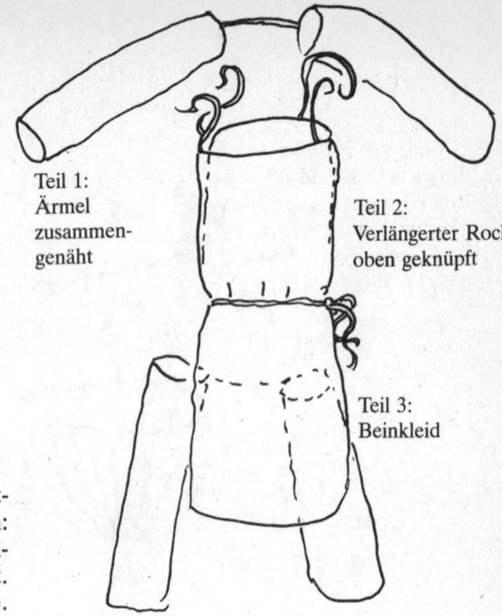

Zeichnung 8: Röhren, miteinander verbunden: Frauentracht der Naskapi-Indianer Labradors (Nat. Mus. Kopenhagen).

Bekleidung, Häute der Zwiebel

Wir sind so eingestellt, daß wir auf jahreszeitlich bedingte Wetteränderungen nur z. T. mit spezieller Kleidung reagieren. Wird es Winter, so ziehen wir einen Pelzmantel an – darunter bleibt alles wie im Sommer. Wir können uns (noch) so anziehen, weil wir damit rechnen können, daß überall da, wo wir im Winter den Mantel ausziehen, mit Hilfe der Technik sommerliche Temperaturen hergestellt werden.

Diese Art des Reagierens auf die Witterung ist ziemlich grobschlächtig. Wenn wir feinere Abstufungen in unserer Kleidung hätten, wären wir zugleich in der Lage, vielfältiger zu reagieren und Energie im eigenen häuslichen wie im öffentlichen Bereich zu sparen.

Denn der Körper selbst erzeugt für die meisten Klimagebiete genügend Wärme, die nur am Abwandern zur kälteren Umgebung gehindert werden muß. Viel besser als durch viel Material geschieht dies durch geschlossene Luftpolster, die eine hervorragende Wärmedämmung bei optimaler Diffusion des von der Haut abgegebenen Wasserdampfes besitzen.

Andererseits sind um den Körper gelegte Lufthüllen – wie die weiten Gewänder der Wüstenbewohner zeigen – auch ein Schutz gegen die Hitze, denn die in diesem Fall offenen Lufthüllen wirken bei der

Bewegung des Menschen wie eine Pumpe, bewirken also eine Ventilation.

In ganz sinnvoller Weise sind deshalb die Kleidungsstücke in südlichen Ländern über Jahrhunderte hinweg aus weiten Stoffteilen drapiert worden, die »offenen« Luftraum einschließen konnten. In nördlichen Ländern dagegen sind engere »geschlossene« Luftpolster bevorzugt. Im Süden steht dafür die *Toga*, im Norden der auf die Körperform zugeschnittene (einen »Schnitt« bewirkende) *Anzug*, wie schon vorgermanische Funde bezeugen. (Nur der Vollständigkeit halber sei erwähnt, daß es auch Zwischenformen gab, wie uns attische Statuen überliefern; hierbei sind drapierte Kleidungsteile durch Wickelung mit Bändern zu anzugartigen Bekleidungen variiert worden.)

Mit den beiden Grundformen *Hemd =Jacke = Mantel* und *Hose =Rock* ist die Entwicklung der üblichen Kleidungsstücke schon sehr

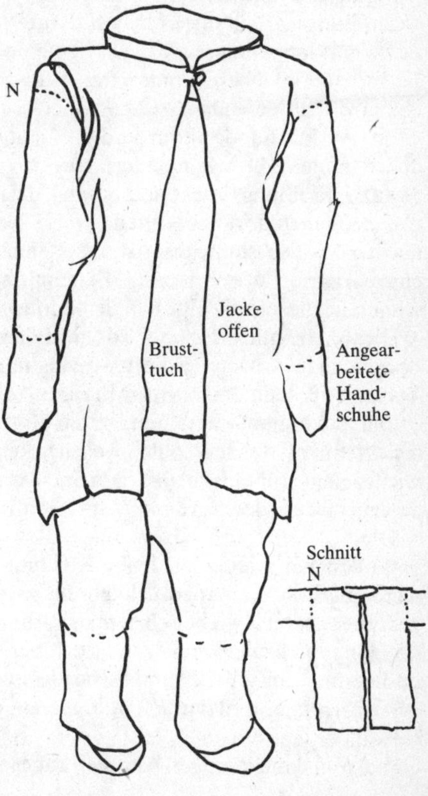

Zeichnung 9: Kleider als Umhüllung: Tungusische Männertracht. (Nat. Mus. Kopenhagen).

Foto 3: Unterkleidung mit einfachen Schnittteilen. Norwegisch. (Nord. Volk. Mus. Oslo).

früh, in der Bronzezeit, abgeschlossen worden. Die Anpassung an wechselndes Klima oder für bestimmte Bedürfnisse geschah durch vielfache Aufdoppelung, so wie wir heute noch Unterhemd, Hemd, Weste, Jacke, Mantel übereinander tragen können. Von *Kaiser Augustus* ist bekannt, daß er *»ständig vier Kleider übereinander trug«*.

Im 19. Jahrhundert wurde dieses sinnvolle Prinzip durch die Mode übernommen: Der feine Herr trug zur vollständigen Toilette bis zu zwanzig Kleidungsstücke auf einmal. Dieses Prinzip hat seinen Siegeszug dann auch dort angetreten, wo es – wie in südlichen Ländern – eher nachteilig, also sinnwidrig ist. Man sieht, wie sehr das »Zeichen« für europäischen Fortschritt und die damit angeblich verbundene Geltung selbst auf diesem Gebiet heimliche Macht ausübt.

Dieser eigentlich kolonialistische Import ist so hartnäckig, daß er in einigen jetzt »schwarz-regierten« früheren Kolonien als Konvention und Tradition beibehalten wird. Mir ist es selbst schon passiert, daß ich in einem nicht einmal besonders guten Hotel im früher britischen *Gambia* nicht bedient werden sollte, weil ich kein Dinner-Jacket trug. Im benachbarten, früher französischen Staat konnte es dann vorkommen, daß genau hinter der Grenze nur zu »französischen« Zeiten serviert wurde.

Wollen wir wieder zu einer Kleidung sinnvoller, fast möchte man sagen, natürlicher Art zurückkehren, so ist das alte Prinzip der übereinanderliegenden Zwiebelschalen zu verfolgen. Wir können uns *»aus der Kleidung schälen«*, wenn es uns auch nur ein bißchen zu warm wird und sind damit – anstelle schematischer Konventionszwänge – immer »richtig« angezogen, weil wir uns wohl fühlen, es uns weder zu warm noch zu kalt ist.

Daß wir dann weniger Anzüge brauchen, ist ein weiterer Nutzen.

Betrachten wir einmal die Entwicklung zur Bekleidung als Verpackung. Mit der Entwicklung des Menschen und seiner Kleider sind Gefühlswerte unbeklagt verlorengegangen, denen wir nur auf Umwegen wieder näherkommen können, die wir bestenfalls noch irgendwo unbewußt empfinden.

Die Kleidung der Menschen war einst viel mehr Verpackung als Umhüllung; ja, man kann anhand der spärlichen Museumsbestände vermuten, daß verpackende Kleidung eher den Arbeitenden, umhüllende mehr den Repräsentierenden zuzuordnen ist. Anders war das nur dann, wenn die Herrschenden selbst Arbeit leisteten: Dann bedienten sie sich ganz logisch der Verpackung ihrer Rüstung.

Die hohe Zeit der Fußlappen und Wickelgamaschen ist schon lange vorbei. Nur der Nachteil von Notzeiten oder der Vorteil sehr unbedeutenden Alters hält unsere Erinnerung gelegentlich wach: Ein Baby wird immer noch »gewickelt«, auch wenn es nur noch schlicht in die Hülle des Steck-Kissens eingeschoben wird.

Erfahrenere wissen es bereits: Unter der Kleiderhülle kann sich mancherlei verbergen, das bei der Enthüllung üble Überraschungen beschert. Die Verpackung ist da ein bißchen ehrlicher, wenn auch mit ihr gelegentlich Irrwege gegangen wurden. So wurde nicht etwa nur die Form (der Wade) betont, sondern die Größe (des männlichen Geschlechtsteils) mit Hilfe von Watte überbetont, weshalb man lange nach dieser Renaissancemode ganz zutreffend von Mogelpackungen gesprochen hat, möglicherweise bevor dieser Begriff für andere Pretiosen, wie Pralinen heruntergekommen ist...

Ansätze zu mehr verpackender, körperbetonter Kleidung gibt es, abgesehen von bestimmter Berufskleidung (wie beim Ballett) immer einmal wieder zaghaft; sie werden in der Regel bald dem Sieg der Hülle geopfert: selbst den Jeans geht es jetzt an den angeblich zu knappen Hintern.

Ein Bein-Kleid kann man sich einfach überziehen, zeitsparend, praktisch, und man braucht keinen Gedanken dabei zu verschwenden, wenn nicht gerade die zum Wetter passende pastellfarbene Frühlingshose in der Reinigung blieb.

Ohne Plädoyers für die Wiedereinführung der Fußlappen halten zu wollen: Mit ihnen kann man das nicht machen. Die Wicklung ist eine Prozedur von äußerster Wichtigkeit, die nicht »einfach nur so« erfolgen kann. Nicht weniger ist das Auswickeln eine Zeremonie – unser wichtiges Wort Ent-wicklung besagt das ja ganz anschaulich.

Ist das Enthüllen ein rascher Akt, der – wie bei Denkmälern – mit der Reißleine vollzogen werden kann, so geht das Auspacken eher sensibel vonstatten, wobei auch andere Sinne als die Augen nicht zu kurz zu kommen brauchen. Man findet gleichsam die Zeit dabei, sich zu beriechen.

Als beste Bastion der Körperteilverpackung ist uns der Büstenhalter verblieben. Es mag sein, daß neben dem Inhaltlichen bei manchen Menschen noch etwas von dem Körpergefühl erhalten geblieben ist, das hier ein Aus-packen der Last gelegentlich zur Lust werden läßt.

Weite Hüllen haben sich seit biblischen Zeiten bestens für manch undurchsichtigen Zweck geeignet; ich will hier nur das Stehlen erwähnen. Aber auch zum Transport der eigenen Sachen (anstelle eines damenobligatorischen Handtäschchens) diente entsprechend vorgerichtete Kleidung schon immer.

Da noch im Mittelalter Besteck rar war, hatten diejenigen, die nicht überhaupt nur mit den Fingern aßen, ihr Besteck immer dabei. Wams und um die Hüfte geschlungene Stoffbahnen, innen eingenähte große Taschen (heute noch bei der Galabiya) waren übliche Kleidungsstücke als Behälter. Es gibt einen Holzschnitt von *Hans Burgkmair* aus dem Jahre 1508, der Pilger darstellt. Die Leute *»hatten alles dabei«*, wie es heute noch heißt, selbst das Geschirr wurde am Gürtel getragen.

Bei den *Batak* in *Nordsumatra* dient die Kleidung sogar zum Transport der kleinen Kinder nach der Methode Känguruh. Vieles, was wir heute mit uns herumschleppen, bis zum Inhalt des Kunststoffdiplomatenköfferchens ist gut in der Kleidung unterzubringen, wie wir noch anhand der Beispiele sehen werden. Die Hände hat man dann für wichtigeres frei, z.B. zum Anfassen.

Verpackt, eingepackt wird auch in manchen Religionen der Tote. Bei den Juden war es Brauch, den balsamierten Leichnam einzuwickeln, wobei das Tuch nicht von Tieren stammen durfte, sondern pflanzlicher Herkunft war. (Auch wir kennen den Brauch aus der Geschichte Jesu.) Auf einen Sarg als Hülle wurde verzichtet. Säugling und Toter wurden gleich »gekleidet«.

Die besondere Totenzeremonie auf *Bali* ist geradezu ein Beispiel für das Einwickeln als (oft wochenlange) Prozedur bis schließlich zum Einbringen des Leichnams in einen tierförmigen Behälter. Alles wird dann vom Feuer eingehüllt.

Verpacken und Verpackung haben bezeichnenderweise in der modernen Kunst Eingang gefunden – in zweierlei Weise. Die eine Richtung verwendet das Mittel »verpacken«, die andere das Material »Verpakkung«.

Für das Verpacken von Gegenständen ist Christo sicherlich der bekannteste, in Wirklichkeit aber nicht der typischste Künstler. Das Besondere bei ihm ist, daß er beim Verpacken die Größenordnung verändert, bis hin zu Objekten, die gewöhnlich gar nicht verpackt werden.

Auch Claes Oldenburg (soft type writer) und ganz besonders Georg

Segal sind Verpackende. Bei den eingegipsten Figuren kommt das Element des Verpackens besonders zur Geltung. Vielleicht liegt das an dem alten Grund, daß Verhülltes unsere Phantasie eher zum Einsatz reizt als das offen zutage Liegende.

Ähnlich geschieht es mit uns bei der Betrachtung der aufgeschlitzten Stoffverpackungen des Holländers Ger von Elk (Biennale Venedig 1980) oder mehr noch, wenn wir unvermutet auf die Stoffrollen und -bündel von Franz Eberhard Walther stoßen: Wir wollen wissen, ob nicht doch etwas in der Verpackung ist, obwohl wir schon wissen, daß nie etwas darin ist: Verpackung als Selbstzweck.

Kurzer Rückblick

Einige wesentliche Stationen aus der Zeit von 3000 vor bis 1000 nach Christus sollen die Entwicklung der Kleidung veranschaulichen und die historische Bedeutung unserer nordeuropäischen Kleidung richtigstellen helfen:

3000 v. Chr.: Die Sumerer kennen Flachs und Spindel, tragen zusammengenähte Schafspelze, mit Band und Gürtel gehalten, sowie Wollgewänder.

2000 v. Chr.: Die Frauenkleidung besteht aus einer Jacke mit kurzen Ärmeln und knielangem Rock.

1800 v. Chr.: Ägyptische Männerkleidung: Langer Schurz aus Leinen oder Baumwolle. Frauenkleidung: Hemdartiges Gewand.

1700 v. Chr.: Minoische Frauentracht: Geöffnete Jacke mit freier Brust, geschnürte Teile, Volantrock. Männer: Lendenschurz.

1600 v. Chr.: Männertracht in Mykenä: Hemdartiges Gewand und Mantel.

1500 v. Chr.: Ägypten: Leibrock mit kurzen Ärmeln.

1150 v. Chr.: Nordeuropäische Männerkleidung: Wollene Fuß- und Beinbinden, Leibrock und Mantel. Frauen: Langer Rock, Ärmeljacke.

1000 v. Chr.: In Israel werden zwei über den Schultern zusammengenähte Decken (Ephod) getragen.

850 v. Chr.: Nordsyrien: Ein dreimal um den Körper drapiertes Tuch, durch Gürtel gehalten als Oberkleidung.

800 v. Chr.: Hemdförmiger Leibrock in Assyrien für Mann und Frau (ohne Falten).

550 v. Chr.: Die Perser tragen enganliegende Lederkleidung mit kurzem Rock, Hosen.

500 v. Chr.: Griechische Kleidung: Rechteckiges, drapiertes Stoffstück mit linkem Ärmelloch (Chiton).

300 v. Chr.:	Die Kelten tragen lange, enge Hosen, Rock und Mantel, ihre Frauen einen langen Rock mit Gürtel.
100 n. Chr.:	Zwei über den Schultern zusammengefügte Wolldecken als Kleidung der Germanen.
700 bis 1000 n. Chr.:	Fränkische Kleidung: Enger, kurzer Rock mit langen Ärmeln, auch kurze Hosen, langer Mantel. Strümpfe.

Exkurs: Die Hose muß sitzen

Die als so bequem ausgegebene Jeans-Hose ist, Symbol der gutsitzenden Kleidung, so ziemlich das unbequemste Kleidungsstück, das nach der Ächtung des Schnürleibchens kreiert wurde. Ihre Anwendung soll, wissenschaftlichen Untersuchungen zufolge, möglicherweise der Gesundheit nicht förderlich sein.

Der ganze ehemalige östliche Kulturkreis schien bis vor kurzem begründet anderer Meinung zu sein. Aber es handelt sich ja hierbei auch nur um eine westliche Forderung, die – ich bin ganz sicher mit dieser Vermutung – sprachlich keine Analogie etwa im Chinesischen hat. Wie kommt es zu der seltsamen Formulierung bei uns?

Daß die Hose beim Sitzen »sitzen« muß, kann nicht die Ursache sein, denn eine gutsitzende Hose ermöglicht ja bekanntermaßen gerade kein gutes Sitzen. Ich fasse das Sitzen in dieser Redewendung als eine Art Komparativ auf: Die normale Hose (des Bauern, Arbeiters) »hängt«, die desjenigen, der keiner körperlichen Arbeit nachgehen muß, »sitzt«.

Der eine leitet die Notwendigkeit des bequemen Nichtsitzens aus seiner Tätigkeit ab, bei der das Kleidungsstück dienen soll, der andere wird die strenge Reglemtierung, die die sitzende Hose an seine Haltung stellt, mit Begriffen wie Repräsentation, Vorgesetzten-tum verbinden, von denen sich viele Bezeichnungen aus dem Bereich des Sitzens mit etwas Höherwertigem (Herrschendem) verbinden, wie anschaulich beim »Thronen«.

In der Feierlichkeit besonderer Handlungen und sei es ehedem nur aus Anlaß des arbeitsfreien Tags Sonntag, bezeichnet der »Sitz« die Haltung bei allen, mit wenigen Ausnahmen, so bei Bettlern und Zigeunern... An Feiertagen zwängte sich auch der Bauer in einen »Vatermörder« und wurde für kurze Zeit zu etwas, was er sonst nicht sein konnte, einem sitzenden (nicht gehend-tätigen) Menschen mit sitzender Hose.

Emanzipation durch Kleidung und deren Einzelfaktoren

»Mein Bestreben war vor allem immer das, der Menge so unähnlich wie möglich zu sein. Ich würde mich am glücklichsten schätzen, das ganze Gegenteil von ihr zu werden.«

Ich setze diesen Ausruf *Petrarcas* ganz bewußt an den Beginn dieses Abschnitts. Er kann nicht als Übersteigerung aus der Zeit der Renaissance des Individuums und des Individuellen abgetan werden. Wir sollten uns daran erinnern, wenn wir versuchen, uns selbst ein wenig mehr durch Kleidung zu verwirklichen und dies nicht länger anderen, der Menge überlassen.

Von kleineren Unterbrechungen und Torheiten abgesehen, kann bei der Herrenmode seit der *Französischen Revolution* davon ausgegangen werden, daß sie zu einem Standard geführt hat, der Verbindlichkeit erlangte, sich mehr und mehr aus dem Bereich der Mode herauszulösen begann. Unterwäsche (Unterhose, Unterhemd, Strümpfe) und Oberbekleidung (Hose, Jacke, Schuhe) vermittelt durch das Oberhemd, ergänzt durch Sonderbekleidung (Mantel, Mütze) sind ein Standard, der jetzt erst durch geschickte Marktstrategien wieder gebrochen werden soll.

Eine ähnliche Entwicklung ist bei der Damenmode nicht zu verzeichnen. Sie verharrt einerseits viel länger in prinzipiellen Konventionen und hat erst mit dem Kostüm (Rock, Jacke, Bluse) Vergleichbares spät geschaffen. Andererseits ist sie dem ständigen oberflächlichen Ändern verpflichtet: Bald ist das Kostüm aus seiner Verbindlichkeit entlassen und durch Modisches ersetzt, dann wieder nicht.

Die Emanzipation aller Menschen, ihre Befreiung vom Diktat einer anderen Schicht kann in beiden möglichen Richtungen vor sich gehen, der der Nachahmung (der weiße Papierkragen des Arbeiters, die große Toilette der Verkäuferin) oder des Kontrastes (die lange Hose seit der Französischen Revolution, besonders die Herren-Hutmoden).

Es ist erstaunlich, wenn man rekonstruiert, wie spät die Frauen selbst Einfluß auf ihre Kleidung genommen haben. Je weiter wir aus weit zurückliegenden Zeiten auf unser Jahrhundert vorrücken, desto schwächer wird die Rolle der Frau als Bestimmerin dessen, was sie zu tragen hat.

Das Modewort von der damit dokumentierten Macht der Männer erscheint als nicht ausreichende Erklärung für diesen ständigen Verlust an persönlicher Freiheit. Aus dem wachsenden Nichtbeteiligtsein der Frau (die lediglich noch die Herstellung selbst übernahm, soweit sie nicht industrielle Produkte aneinander nähte oder gar nur einkaufte) ragt die Figur der *Amelie Bloomer* heraus, die eine praktische Hosentracht für Frauen vorschlug und damit 1851 in *London* einen unvergleichlichen Lacherfolg hatte. Sicherlich verdanken wir den Bestrebungen der Angleichung an die als vernünftig geltende Männermode diese Absonderlichkeiten und die in der Kleidung verräterisch zutage tretenden Ambitionen der Männeremanze und der Frauenemanze.

Wenn wir die Entwicklungslinien dafür bis zu Frau Bloomer zurückführen, so verläuft die eine über die Einführung des Männerjacketts in die Mode der Frau, das »Schneiderkostüm« des 19. Jh. bis zu dem Stil der 20er Jahre (wo Frauen sich fast wie Männer kleideten) und der heutigen Jeansmode; die andere Linie über die sog. *»Reformkleider«*, die von den Künstlern bevorzugten Hemdkleider (so der Prä-Raffaeliten) bis zum Hippie- und Gammel-Look unserer Tage.

Bei orthodox Religiösen ist die geschlechtsspezifische Kleidung keine offene Frage: Moses gebietet im Buch Deuteronomium, daß Frauen keine Männerkleider tragen dürfen und umgekehrt. Die Unterschiedlichkeit der Befreiung aus den geschilderten Diktaten wird wohl noch geraume Zeit zwischen der Mehrzahl der Frauen und der Mehrzahl der Männer unterschiedlich verlaufen.

Mit dem Titel »Emanzipation« der Männer operieren auch Strategien, die meiner Meinung nach darauf abzielen, das Gegenteil von Befreiung zu erreichen. Ich will das anhand einer publizistischen Kampagne mit dem Titel *»Der lange Abschied vom mausgrauen Dasein«* belegen:

»Emanzipation braucht ihre Zeit, auch wenn es um Männer und deren Mode geht. Es scheint nicht zuletzt eine Frage des Mutes zu sein, ob sich männlicher Mode-Avantgardismus schon in einer etwas gewagteren Wahl der Krawatte erschöpft.

Papst Johannes Paul II. ist von den Amerikanern Ungewöhnliches widerfahren: Sie, die in Geschmacksfragen nicht gerade zimperlich sind, setzten ihn auf die Liste der bestangezogenen Männer dieser Welt. In der Tat, der Papst fällt auf. Mit seinen wehenden Röcken und seinen Kleidern in schneeigem Weiß hebt er sich heraus aus der Internationale der Grau- und Blau-Männer, aus dem Bügelfalten-Einerlei. Ob die amerikanische Jury mit ihrer Entscheidung den Männern Lust auf neue Kleider machen wollte?

Die Sitte, Putz und Staat den Frauen und dem Klerus zu überlassen, ist noch gar nicht alt. Erst mit der Französischen Revolution wurde aufwendige Männerkleidung als Symbol der verhaßten herrschenden Klasse verpönt. Mit den Köpfen des Adels fielen auch Spitzenjabots und Seidenstrümpfe, Fingerringe und federgeschmückte Hüte in den Staub. Der Simpel-Look bürgerte sich ein.

In der nach-napoleonischen Zeit, als Europa wieder tanzte und Toilette machte, wurde der Dandy geboren. Aber jener Engländer George Bryan Brummel, genannt »Beau«, dessen Kleidung Londoner Tagesgespräch war und der als Accessoire einen Hummer an der Leine spazierenführte, erreichte damit nur, daß auffällige Männermode ein für allemal als Dandytum abgestempelt war – ein negatives Image, das an Samt und Seide kleben blieb.

Seit Jahren kämpfen die Modemacher gegen diesen alten Makel an und versuchen, die Männer aus ihrem mausgrauen Dasein zu locken, aus ihrer Einheitskluft von Jackett, Hose, Schlips und Kragen.«

Interessant ist hier die Mischung von Information mit interessanten Gags und die unterschwellige Kritik an der Männerkleidung (»Bügelfalteneinerlei, Einheitskluft, Simpel-Look, Zwangsjacke...«).

Wenn man sich den Spaß macht und einmal herausdestilliert, was Männer denn nun anziehen sollen, um emanzipiert zu sein, so befällt einen schon ein leichtes Grausen: *»Spitzenjabots, Seidenstrümpfe, Samt und Seide...«*

Wir erhalten auch einen Vorgeschmack davon, wie Einzelheiten dieser Art Emanzipation beschaffen sind:

»Überhaupt waren es die Italiener, die ihre Lust am Putz, die freundliche Spielart des südlandischen ›Machismo‹, in die Mode einbrachten. 90 Prozent der gesamten westlichen Männermode, so schätzt man in der Branche, werden von italienischen Designern entworfen. Gianni Versace etwa befreite ein Material von seinem schlechten Ruf: das Leder. Für seine wundervoll weichen und weiten Hosen und für seine hauchdünnen, anschmiegsamen Lederpullis braucht man allerdings eine pralle Brieftasche und eine schlanke Figur.

Der Mann, der es wohl am besten verstanden hat, andere Männer auf einen gepflegt modischen Trip zu bringen, ist Nino Cerruti. Ninos Nadelstreifen und Glenchecks sind nie spießig, in seinen Polohemden kann man einen Aperitif nehmen und in seinem Jogging-Anzug getrost nicht nur der Putzfrau öffnen.

Das italienische Trio schuf mehr Lässigkeit, und es brachte Farbe in die graue Männerwelt: kanariengelbe Pullover zu Flanellhosen, azurblaue Hemden zu naturfarbenen Seidenblazern oder knallfarbene Gürtel und Slipper zu schokoladebraunen Tagesanzügen, Satin-Parkas und seidene Regenmäntel für den Abend, Bermudas für die Straße.

Der kleine Laden gegenüber dem Hotel ›Ritz‹ hatte schon immer eine exklusive Kundschaft. Marcel Proust ließ sich dort anpassen und Edward VIII. (später nur noch Herzog von Windsor), John F. Kennedy und heute selbstverständlich der elegante Valéry Giscard d'Estaing. Die Schuhe kommen natürlich nur von Lobb, aus dem Londoner Stammhaus oder der Dépendance im Laden des Pariser Nobel-Sattlers Hermès. Für ein Paar handgemachte Schuhe aus der Werkstatt von John Lobb, der sich mit britischem Understatement noch immer schlicht ›Bootsmaker‹ nennt, muß man rund 2000 Mark hinblättern.«

Interessant ist diese Strategie noch aus einem anderen Grunde. Sie hält zusätzlich eine Fiktion aufrecht, die bei der Damenmode längst abgewirtschaftet hat, die Vorbildwirkung des Einzelmodells aus der Haute Couture.

Heute ist der Unterschied zwischen Haute Couture und prêt-à-porter-Kleidern selbst in den Namen der sogenannten Künstler fließend geworden. Beginnend mit der Liaison *Christian Diors* (1947) führen diese Entwicklung Namen weiter wie *Courrèges, Cardin, Givenchy, St. Laurent.*

Die Couturemodelle des Hauses Dior machten bei der Gründung 1947 noch 95% des Umsatzes aus. Etwa 30 Jahre später nur noch 3,5%. Mit der Entdeckung einer neuen Käuferschicht, die ausgebeutet werden konnte, nämlich der Jugendlichen, die sich in der geschilderten Weise »emanzipierten«, hält die Haute Couture nur noch die Flagge, unter der sich Macher für Konfektion etablieren, Einfluß gewinnen und letztendlich durch die von ihnen abhängigen Boutiquen Macht ausüben.

Zum Abschluß dieses Kapitels noch ein Zitat aus der Tagespresse:

»Meist männliche Modediktatoren versuchen auch in dieser Saison, der Damenwelt ihre Kreationen schmackhaft zu machen. Aber wir Frauen sind skeptisch und kaufen nur das, was uns kleidet. Zumindest haben wir den guten Vorsatz.

Nun, modisch sind jetzt gerade Kastenjacken und Pyjamahosen. In moorfarbig angenehm?...«

Kommentar überflüssig.

Das Abschneiden von Zöpfen

Wenn ich aus dem Vielerlei von Prinzipien, Anregungen, Überzeugungen bei meiner Beschäftigung mit Kleidung einen ganz besonders wesentlichen Aspekt herausstellen sollte, so würde ich wie automatisch auf die Eliminierung von Überflüssigem kommen.

So habe ich das im Zusammenhang mit gesellschaftlicher Problematik als Bezeichnung üblich gewordene *»Abschneiden von Zöpfen«* fast wörtlich genommen; nur waren es nicht die Zöpfe, die abzuschneiden waren (jedoch immer wieder nachwachsen). Gleichwohl konnte ich mich des gleichen Instruments zu meiner Tätigkeit bedienen, der Schere, um Krawatten, Schleifen, Revers und später Unterfütterungen, Auspolsterungen usw. »abzuschneiden«.

Ehe ich Details dieser Säuberungsaktion vom Überflüssigen schildere, muß ich zur Vermeidung von Mißverständnissen betonen, daß ich das Überflüssige an sich gar nicht für überflüssig halte; ich habe auch nichts gegen Krawatten als schmückendes Tuch oder Band.

Ich bin also kein übertriebener Vertreter des Purismus, sondern handle nur entsprechend der Vernunft; allerdings bin ich gegen Schematisierungen eingestellt, die mir Vorschriften machen, von denen ich selbst nicht überzeugt bin und möchte den Leser zu gleicher Aufsässigkeit animieren.

Um es anders auszudrücken: Ich könnte mir vorstellen, ein krawattenähnliches Band um den Hals zu schlingen und es über die Brust herunterfallen zu lassen, wenn es mir Freude macht, ich gerade dieses Stück Stoff liebe, eine besondere (nicht nur pekuniäre) Beziehung zu ihm habe usw....

Insofern ist überhaupt alles, was ich zum Thema Kleidung statt Mode vorzuschlagen habe, eher als der Bericht von Schritten, die ich getan habe und die bestimmte Ergebnisse hatten, zu betrachten, als etwa als eine Vorlage für andere, die zu träge sind, sich selbst das für sie Richtige zu erarbeiten.

Nun kann man sagen, daß diese Reinigung der Kleidung von alten Zöpfen eigentlich eine sehr einfache Sache sei. Um dies zu widerlegen, muß ich berichten, in welcher Weise die ersten Anzüge in dieser Form entwickelt wurden.

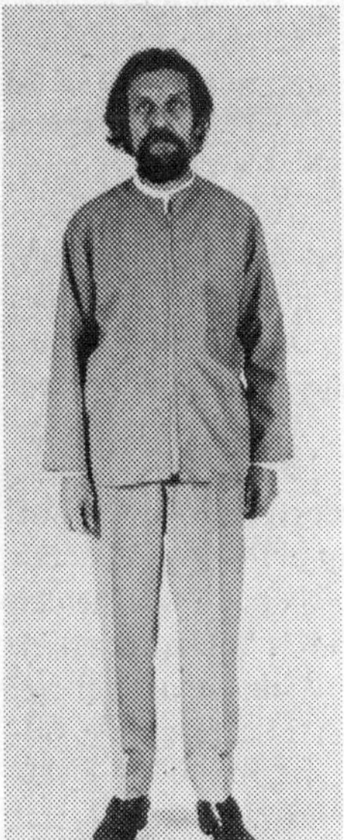

Foto 4: Einfacher, ungefütterter Anzug, wie er in verschiedenen Modellen seit den 50er Jahren hergestellt wurde.

Foto 5: Variante des Anzugs auf Foto 4. Seide mit Bündchen.

Foto 6: Kombination des Anzugs auf Foto 4 mit Bluse des Anzugs auf Foto 5.

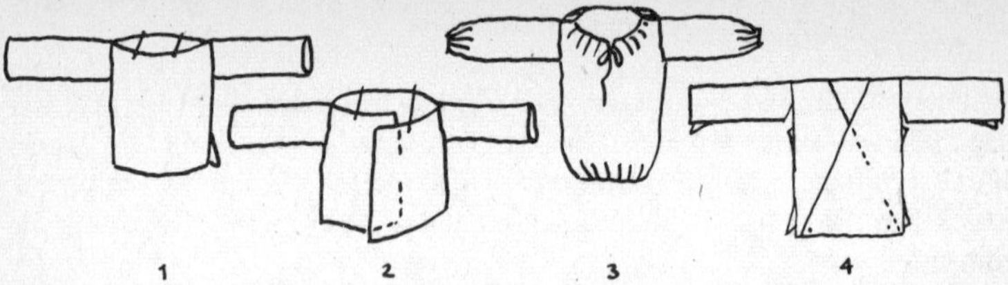

Zeichnung 10: Verschiedene schematisch dargestellte Hemden. 1 = einfachste Form, 2 = vorn zu öffnen, 3 = blusenartig gekräuselt, 4 = schräg überlappend. Dieses Modell wurde dann weiterverfolgt.

Mitte der 60er Jahre entwarf ich einen ungefütterten Freizeitanzug aus einfachem Baumwollstoff. Er war das erste komplette Resultat von Gedanken, die mich seit den 50er Jahren bewegten und die bisher nur in Einzellösungen (wie Blusen in einfachen Schnitten; Kleider ohne Verschnitt usw.) Eingang gefunden hatten.

Dieser Anzug hatte einige Unvollkommenheiten, die mich bewogen, einen traditionell tätigen Herrenschneider aufzusuchen, um mit ihm Verbesserungen durchzusprechen. (Ich konnte damals noch nicht selbst nähen, weil ich die Konsequenzen der Selbsthilfe, wie ich sie später bedachte, noch nicht als Forderungen für neue Kleidung erkannt hatte.)

Der Pseudokragen und das Revers erschienen besonders entbehrlich. Nichts einfacher, als sie wegzudenken. Die Schwierigkeiten hatte der Schneider bei der Herstellung, denn diese beiden so sinnlosen Details hatten die Funktion, Toleranzen beim Zuschnitt auszugleichen; das war nun nicht mehr möglich, wenn sie fehlten.

In verstärktem Maße erwies sich eine ebenso einfach erscheinende Forderung als schwierig zu erfüllen; ich wollte unbedingt den Nachteil der konventionellen Jacke vermeiden, die einen oft aufgedoppelten Schutz für Rücken und Arme bietet, aber vorn, bis auf einen Knopf, eigentlich offen ist. Meine Vorstellung war, einen von beiden Seiten zu öffnenden Reißverschluß einsetzen zu lassen, so daß ich anpassungsfähiger an Klima und andere Gegebenheiten war. (Beim Autofahren konnte so die Jacke nur oben verschlossen sein, damit die »Schöße« locker herunterhingen.)

Um Wellen- und Faltenbildung zu vermeiden, mußte die Jacke ganz besonders auf »Sitz« gearbeitet werden, so daß sich durch die gewünschte Vereinfachung eine Erschwernis ergab (die eigentlich erst dann konsequent gelöst werden konnte, als ich mich von der »Schneiderkunst« gänzlich löste und andere Herstellungsprinzipien, von denen noch die Rede sein wird, fand).

Massenartikel seien notwendig zur massenhaften Befriedigung von Massen. Sicherlich wird niemand behaupten wollen, daß sie auch zur massenhaften Bereicherung der Massen führen. Ob Artikel massenweise herzustellen und zu vertreiben überhaupt notwendig ist, darüber haben jedoch keine Vorschriften zu bestimmen, dafür darf kein – auch nur insgeheimer – Zwang angewendet werden, sondern dies haben die Menschen – und zwar jeder für sich – ganz allein zu bestimmen.

Ich schlage vor, sie sollten sich Qualität anstelle der Quantität beschaffen. Die Standardausrede für die Weiterführung der Ausbeutung von Menschen durch Konsum (auch in der Bekleidung) heißt, daß die massenhafte Herstellung es überhaupt erst ermöglichte, weniger betuchten Schichten mehr Tuch anzudrehen. Was aber, wenn die hartnäckig daran festhalten, daß sie ihre Sache schon selbst in die Hand nehmen wollen, insbesondere bei den Sachen, die sie auf der Haut tragen?

Massenartikel, die zum schnellen Verbrauch bestimmt sind, können in ihrer Summierung niemals billiger sein als Qualität. Nun könnte man entgegnen, daß es ja auch möglich wäre, massenhaft qualitätvolle Kleidung zu erzeugen. Man sehe sich aber einmal allein die Verarbeitung eines (gar nicht so billigen) Kleidungsstücks an und vergleiche sie mit einem beliebigen alten Stück, das man vielleicht auf dem Flohmarkt noch sehen kann. Ganz abgesehen vom Materialunterschied ist das Neue einfach »zusammengenagelt«. Eine versäuberte Naht ist schon fast ein Luxus. Denn das Prinzip heutiger Massenherstellung ist die Minimierung um jeden Preis – nur nicht im Sinne des Preises, den der »Endverbraucher« (man höre dieses Wort!) zu zahlen hat.

Deshalb befriedigt Massenherstellung nicht Ansprüche, sondern erzeugt sie erst massenhaft.

Das zweite Märchen, das von verlorengehenden Arbeitsplätzen, hat nicht mehr Substanz. Die Maschinen können so eingesetzt werden, wie wir es wollen. Ihnen ist es gleich, ob sie schnell, materialverbrauchend Mengen erzeugen oder langsam, ressourcenschonend Qualitäten, die wir wirklich brauchen. Nur dem, der an Gewinnmaximierung denkt, dem kann das nicht gleich sein.

Die Mode hat sich in den Dienst dieses Anlegers gestellt. Ich will sie gar nicht zum Tode befördern (weil ich das gar nicht kann), sondern auch sie befreien – aus diesen Abhängigkeiten etwa –, damit sie dem einzelnen dienen kann.

Die Mode steht aber nicht nur im Dienste derjenigen, die statt zu arbeiten »mit Geld arbeiten«, sondern sie hat eine weitaus gefährlichere Aufgabe in diesem Abhängigkeitsspiel auf sich genommen. Es ist klar, daß auch den Massen allmählich durchsichtig werden muß, wie das

Billige sich selbst schnell entwertet. Diese Erkenntnis zu verschleiern, werden in der Mode bewußt »wertvolle« Materialien verwendet und angepriesen (oder auch nur imitiert).

Der »Materialwert« eines guten Stück Tuches ist an sich konstant. Er wird jedoch entwertet, indem der »Zeitwert« des fertigen Kleidungsstücks gering ist oder niedrig gehalten wird. Damit hat die bewußt eingeführte »Veralterung« zugleich eine Rückwirkung selbst auf das edelste Material.

Die Mode reagiert also auf Entwicklungen, die zur Befreiung des Menschen vom Wertlosen führen, immer und prinzipiell reaktionär, sie versucht mit anderen Mitteln den ursprünglichen Zustand wiederherzustellen oder beizubehalten.

Allmählich erkennen einige Leute auch diesen Betrug und versuchen »wieder echte Qualität« zu finden. Der Trödelmarkt war einige Zeit ein beliebter Weg dafür. Aber schnell werden sie in sogenannten second hand shops aufgefangen, wo ihnen, entweder an einem schlechten Stück gleich zum zweiten Male das gute Geld abgeknöpft wird oder sie massenhaft hergestelltes künstlich veraltetes oder alt gemachtes Zeug kaufen sollen.

Ein Motor für die ständige Abnahme der Qualität in der Kleidung ist die Zeitkrankheit der Abwechslung. »Immer mal was Neues«, heißt es als Werbespruch, und kaum jemand geniert sich, das auch noch als eigenes Bekenntnis nachzuplappern, ohne zu bedenken, daß anstelle des immer Neuen doch stets angeblich Altes weggeworfen werden muß. Mögen die Leute doch lernen, daß sie mit dieser konsumierten, aber doch unverbrauchten Kleidung stets auch ein wenig von sich selbst wegwerfen!

Diese Beschleunigung, der die Mode unterworfen ist, kann man am besten an scheinbar nebensächlichen Details ablesen, so der Verlagerung des Schwerpunktes der Rezeption vom Film zum Fernsehen. Da der Film als Schrittmacher der Mode längere Dreh- und Spielzeiten einkalkulieren und dabei berücksichtigen mußte, daß die Kleider nicht innerhalb kürzester Zeit unmodern wurden, kann sich das Fernsehen mit seinem Hunger auf Sensationen die ausgefallensten Tagesgags leisten, und dies auch noch unter dem Banner angeblicher Aktualität. Wie die Modezeichnung durch die Modefotografie abgelöst wurde, ist jetzt der Schrittmacher das Fernsehen, anstelle von Film und Fotografie.

Jeder für sich muß diese unselige Folge von Verbrauchen des Qualitätslosen unterbrechen. Nicht Kauf von Vielem macht Freude, sondern das Bewahren von Gutem.

Der neue Slogan muß heißen: *»Immer wieder nichts Neues.«*

»Der Rock aber war ohne Naht, von oben an ganz durchgewebt.« (Joh. 19, 23) Die Verteilung der Kleider Jesu nach der Kreuzigung geschah durch Vierteilung. Nur den Rock wollten die Soldaten nicht zerteilen und verlosten ihn hernach.

In dieser Episode wird mehrerlei deutlich. Einmal hat Kleidung einen solchen Wert gehabt, daß sie wie Beute behandelt wurde; dann ist der zerteilte Stoff in irgendeiner Weise wiederverwendungsfähig gewesen; weiterhin hat man solche Achtung vor einem aus einem Teil bestehenden Stück gehabt, daß man eher das Unterliegen beim Losen in Kauf nahm, als daß man es zerstörte wie die übrigen Kleider. *Luther* hat den durchschimmernden höheren Wert der Kleidung aus einem Stück dadurch bezeichnet, daß er anstelle des modernen *»ohne Naht«* *»ungenäht«* übersetzt. Dem für das frühe Mittelalter und davorliegender Zeiten bezüglich der Herstellungstechnik nicht unüblichen »Heiligen Rock« muß demnach noch etwas (Archaisch?-) Wunderbares beigemessen worden sein.

Im Zusammenhang mit einfachen, sinnvollen Kleidungsstücken ist es wichtig, sich zu vergegenwärtigen, daß es keinesfalls immer so gewesen ist, daß Alter und altertümliche Methode als abwertend galten und daß es keine Begründung gibt, dem Einfachen geringeren Wert beizumessen.

Zweifellos muß der Nahtlosigkeit besonderer Wert beigemessen worden sein. Wir sollten uns daran erinnern, wenn wir unsere zerschnippelte, zeitgenössische Kleidung, die mit vielen Nähten zusammengehalten werden muß, kritisch betrachten; von den an Zahl immer mehr zunehmenden Scheinnähten wollen wir gar nicht erst sprechen.

Einfach geschnittene Kleidung erscheint uns ganz fälschlich nur dann nicht ungewöhnlich, wenn wir sie mit bestimmten Zwecken und bestimmten Umgebungen verbinden. Der Arztkittel ist dafür das beste Beispiel. Niemand findet ihn in einem Krankenhaus ungewöhnlich, im Straßenbild erregt er schon eher Aufsehen.

Man könnte das Interesse vielleicht nur auf den einfachen Schnitt zurückführen. Aber das ist so nicht richtig. Vielmehr ist diese Berufsbekleidung, weil sie leichter waschbar sein muß, auch ohne alle unnötigen Auspolsterungen und niemals aus sogenanntem Anzugsstoff und deshalb ungewöhnlich in »normaler« Umgebung.

Einfachheit darf aber nicht nur auf das Endprodukt und die Herstellung bezogen eine unumgängliche Forderung sein, sondern muß auch Rückwirkungen auf die benötigten Maschinen haben. Unter der Flagge des do-it-yourself werden heute Näh-, Strick- und Webmaschinen den Frauen angedreht, die einfach viel zuviel leisten können, was man nicht braucht. Die Preise dafür sind immens und oft durch die wenige Inanspruchnahme nicht einmal amortisiert. Ja, man kann selbst bei einem so alltäglichen Instrument, wie der Nähmaschine, einen gewissen Statuswert feststellen!

Wenn ich verlange, daß man für eine Maschine zur Herstellung sinnvoller Kleidung nicht mehr als 50 DM aufwenden soll, werden die Nähmaschinenfabrikanten lamentieren, daß das unmöglich ist. Aber es gibt die elektrische Handnähmaschine, klein, einfach, praktisch. Sie kann säumen und heften, flicken und ist in den Ecken und Zwickeln (die wir aber vermeiden wollen) sogar den großen Typen überlegen. Nur Blümchen kann man damit nicht sticken. Man kann sich wirklich auch eine Nähmaschine mit ein paar anderen Leuten zusammen anschaffen (das allereinfachste Modell), weil man sie sehr selten braucht.

So wird ersichtlich, daß nur eine einzige Komponente der Kleiderreformierung, *die Einfachheit,* weite Auswirkung hat.

Diese Wirkung muß sich auch in der Kleidung selbst spiegeln. Ein einziges Mal in der Neuzeit ist der Versuch unternommen worden, das Aussehen der Kleidung von der Einfachheit abzuleiten, bei den Entwürfen von *N. Lamanowa* und *W. Muchina* (1925) und (vermutlich) *J. Pribylskaja* (1923) sowie *N. Makàrova* in der Frühzeit der *UdSSR.*

Es ist auch durchaus nicht immer so, daß die Kleidung eine Entwicklung vom Einfachen zum Ornamentalen durchmacht. Es lassen sich, oft in Verbindung mit politischen Umwälzungen (wie der Französischen Revolution) gegenteilige Entwicklungen belegen. Selbst im Altertum, bei den Griechen gab es das schon. In der privaten Lebensführung, auch in der Kleidung ist nach den Perserkriegen eine deutliche Vereinfachung festzustellen.

Durch die Verminderung der Pracht (es wurde mehr heimische Wolle verwendet, die Männer legten keinen Wert mehr auf Purpurmäntel und metallenen Schmuck) wurde damals sogar ein demokratisches Gemeinschaftsgefühl geweckt. Anstelle des Schmuckes trat Haltung und Geschmack, die in der Linie des Gewandes beurteilt werden.

Das falsche historische Bild wird dadurch gestützt, daß die Museen uns nur die Prachtgewänder der Herrscher zeigen. Warum werden die Unterhosen von Kaiser Franz Josef nicht ausgestellt? Sie waren doch viel enger an seinem Majestätsleib. Und sie waren sicherlich einfacher.

Dem Betrachter heutiger Modekleidung mag auffallen, daß sie gelegentlich einfach erscheint. Man hat eine Tendenz der Mode zum Einfachen und manchmal auch Zweckmäßigen herausfinden wollen. Aber immer dann, wenn dies zu einem Produktionsrückgang oder zu Gewinneinbußen führte, wurden nebensächliche Details, wie Stoffe, Farben und Muster verändert oder aus minderwertigem Material mit höherer Rendite hergestellt. Ehe der Verbraucher den Betrug bemerkt, ist er aufgrund des Diktats der Mehrheit der Unmündigen bereits auf die nächste Nachahmung festgelegt. So ist es mit Jeans gegangen, und selbst die extremsten Moden wie die der Punker werden vermarktet.

Die Einfachheit, besonders wenn sie mit Qualität gekoppelt ist, mag als nur leicht anzunehmende Forderung erscheinen. Mit der Bescheidung fällt es uns da schon schwerer. Selbst ein wohlhabender Bauer mit 6 Pferden und 9 Kühen im Stall besaß im 16. Jh. keinen Gewandkasten. Es war auch nicht nötig, denn das Werktagskleid wurde jeden Tag angezogen, und die Sonntagstracht hatte in der Truhe Platz.

Wie anders ist es heute. Bei der Planung größerer Einfamilienhäuser genügt es längst schon nicht mehr, eine »Schrankwand« vorzusehen; der begehbare Schrank, das Schrankzimmer sind bereits wieder eine Forderung wie in großbürgerlichen Zeiten.

Beinahe wäre es einmal anders gekommen. Mit einem Namen *Coco Chanel* ist die Integrierung einfacher Arbeiterkleidung in die Mode verbunden. Sie entlehnte zwar ihre Vorbilder der Kleidung der arbeitenden Schichten, steckte jedoch nicht Arbeiterinnen, sondern Königinnen in Overalls. Indem sie die Ärmlichkeit lancierte, hat sie der Mode nur eine Nuance gegeben, die für privilegierte Schichten kurzzeitig interessant war und zur Persiflage des handgearbeiteten Modellkleides wurde. In der Verlängerung dieser Linie sehen wir heute billige Blusen mit dem außen getragenen Firmenabzeichen teuer verkauft. *Elsa Schiaparelli* hat dann bewußt nach den »kleinen« Kleidern der Coco Chanel nunmehr die »billigen« Materialien als letzten Gag salonfähig gemacht.

Mit der Einfachheit und Bescheidung, d.h. auch der Sparsamkeit im Aufwand, treffen wir ins Herz der Mode, die, von außergewöhnlichen Zwängen abgesehen, niemals zur Sparsamkeit neigte.

Die strenge Stoffrationierung im letzten Weltkrieg in England führte zu sog. *»utility clothes«*, die von der Bevölkerung auch akzeptiert wurden. Jedenfalls löste die Schauspielerin *Vivien Leigh* allgemeine Empörung aus, als sie mit einer sehr stoffaufwendigen Bluse während dieser Zeit auftrat.

Es wird schwer zu lernen sein, daß »Bescheidenheit eine Zier« ist, die Menschen mehr auszeichnet als Protz und unnötige Ansprüche. Denn hier wird ein »Prestige« angetastet, ohne das der Mensch nicht mehr meint zu sein, was er sich selbst vormacht. Wie schlecht sein Gewissen dabei ist, läßt sich gelegentlich bei Menschen »mit höheren Ansprüchen« bemerken, die sich in der Umgebung der Leute, die wissen, was sie besitzen, betont lässig kleiden.

Markant (aber etwas holprig) mag *Schiller* ihnen allen ein bißchen Unterstützung geben:

»Verschwende nicht, sei stets besonnen,
Bedenke: erspart ist so gut wie gewonnen.«

Geben wir Meister Loos (Artikel vom 12.6.1898) das Wort:

»Nach und nach haben wir auch zu unserm Schreck gesehen, daß der König sehr einfach wohnt, und da gab es denn auch einen plötzlichen Rückzug. Einfachheit auch in den Festräumen war Trumpf. In anderen Ländern ist man wieder im Vormarsche begriffen, während wir uns erst zum Rückzug anschicken. Erspart kann uns dieser nicht werden, wie es unsere Gewerbetreibenden – ach so gerne – haben möchten.«

Erinnern Sie sich, unter welchem Titel diese Reformaufrufe zusammengefaßt und publiziert wurden? *»Ins Leere gesprochen«*

Weiterverwendbarkeit – Reparierbarkeit: Wider den Einmalgebrauch

Wo sind eigentlich die seligen Zeiten geblieben, als aus dem Hemd, dem Rock, der Hose des Vaters der Konfirmationsanzug des Jünglings und die knielange Hose des Schulbuben gefertigt wurde? Ein Stück Stoff hatte seine Bedeutung als gewebte Bahn, als Stück Material, das in gewisser Weise für wertvoll gehalten wurde. Ein Abnäher war da wirklich nur (wenn überhaupt notwendig) ein Abnäher und nicht ein Quer-Schnitt durchs Gewebe.

Möglicherweise hat sich der Sohn über das Dessin des Vateranzuges (wenn sich dies überhaupt geändert hat) mokiert, vielleicht hat ihn der anhaltende Mief des Vaters sogar frustriert. Oder hat er sich durch das Wohnung-Nehmen in einem Stück Vateranzug mit diesem ein wenig identifiziert? Wir wissen es heute wohl nicht mehr.

Jedenfalls gibt es eine solche Beständigkeit nur noch in (Deutsch-) Südwest. Vielleicht werden aber auch da schon unzerschnittene Stoffbahnen weggeworfen, wenn sie an den beanspruchten Stellen leicht abgescheuert sind?

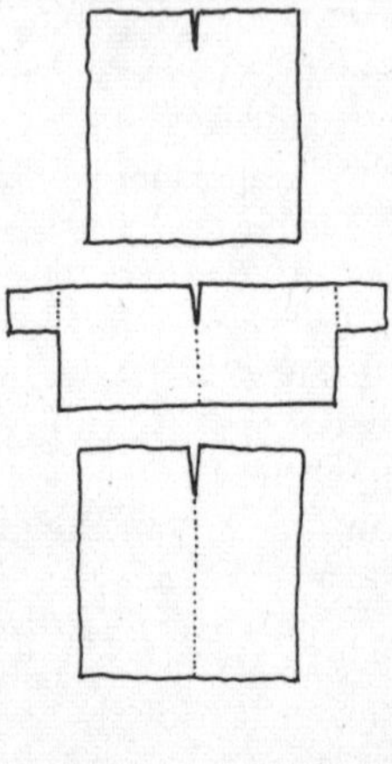

Zeichnung 11: Gerade Teile mit Variationen. Wollkleidung der alten Inka. (Totenfeld von Ancon/Peru).

An anderer Stelle hatte ich schon von der Verwendbarkeit der Kleidung gesprochen, so wie sie – ausgenommen unsere törichte Spätzeit – allgemein üblich war. Früher wäre ein Stück Stoff in der Mülltonne undenkbar gewesen. Mit dem Verlust des Wertes der Dinge steigt das Volumen des Abfalls.

Dieser Abfall ist aber ein falsches Wort, weil es (noch) anzeigt, daß es sich um nicht mehr nutzbare Reste handelt. In Wirklichkeit müßte es durch das Wort *»Wegwerf«* ersetzt werden. (Da ist die »Wegwerfpakkung« schon ehrlicher, wenigstens in der Wortwahl.)

»Wegwerf« entsteht vor allem durch die einmalige Nutzung eines Produktes oder die überhaupt nur einmalige Nutzungsmöglichkeit und -fähigkeit. Diesen *»Einmalgebrauch«* auch für Dinge, die für ständigen oder längeren Gebrauch entwickelt sind, gilt es zu unterbinden, ebenso natürlich die Entwicklung von »Einmal-Produkten« selbst.

Die Nutzung, der Gebrauch der Dinge soll mit einem allmählichen, vielstufigen Verbrauch geschehen. Das bedingt im Falle der Kleidung bestimmte Formen und Herstellungsmethoden; Anreize (wie geringer Aufwand) dürfen nicht fehlen, wenn eine Sache nach Gebrauch zu anderem gebraucht wird. Ein Beispiel dafür: Verbindungsmittel zwischen Stoffteilen müssen lösbar sein, Stoffverklebungen sind nicht annehmbar.

Denn auch die Reparierbarkeit leidet unter diesen »harten« Verbindungen. Eine sinnvoll angebrachte Naht kann leicht repariert werden; sinnvoll bedeutet in diesem Zusammenhang, daß sie nicht etwa erst zugänglich ist, indem man das halbe Futter austrennen muß.

Ich spreche in Analogie zu der von mir vertretenen »weichen« Architektur, die antwortet und nachgibt und sich nicht durchsetzen will, von »weichen« Verbindungen. Sie sind in Architektur wie in den Architekturrandgebieten (Kleidung) gleichermaßen wichtig: Die Verbindung der Teile macht das Ganze. Wie eine harte Mauer leicht Risse bekommt, wird eine Kleidung, die »hart« verbunden ist, leichter bei Beanspruchungen defekt. Es soll aber eher die reparierbare Verbindung defekt werden als der schwerer reparierbare Stoff. Daher ist die Naht oder besser eine andere Verbindungsmöglichkeit so einzurichten, daß sie nachgibt, wenn übermäßige Beanspruchung eintritt. Klettverbindung ist hier in mancher Hinsicht ideal (und überdies anpaßbar).

Die alte Kleidung, so unpraktisch sie uns manchmal erscheinen mag, wies oft die Berücksichtigung dieser Forderung auf. Ich nenne nur ein ganz extremes Beispiel, die türkischen Pluderhosen, die aus großen Teilen bequem, anpaßbar und in Teilen wiederverwendbar sind. Die Stoffe wurden meist in unzerschnittenen Teilen verwendet (und dienten zudem noch als »Behälter«).

Die meisten von uns werden sich noch an Zeiten erinnern, in denen die Wiederverwendung von Kleidern propagiert wurde. Im Weltkrieg Nr. 2 hieß »Aus Alt mach Neu« die Devise, die dazu aufforderte, aus verschiedenen schadhaften Teilen neue Kleidung zusammenzustellen, aus alten noch unverbrauchten Großvaterkleidern neue Kindersachen. Ich selbst durfte mich damals einer großkarierten Hose erfreuen, die aus dem gewendeten Stoff eines Großvaterulsters geschneidert war. Es gab damals (wie gelegentlich heute) Kleidersammlungen. Die nicht mehr verwertbaren Reste holte der Lumpensammler.

Im Idealfalle sollte Kleidung jedoch so beschaffen sein, daß jedes schulpflichtige Kind sie auch reparieren kann. Damit wäre zugleich von Anfang an eine bessere Beziehung zur Kleidung gegeben, die auf der anderer Seite, der der Eltern, zu einer Entlastung führen kann. So dient die simple Forderung nach leichter Reparierbarkeit vielen. Die Kleidung sollte auch in Einzelteilen austauschbar sein; hommage à *Wladimir Tatlin*, von dem wir noch hören werden.

Selbermachen – Selbstausprobieren

Eigentlich gibt es keine Kleidung, die man nicht selbermachen kann, wenn man nur die größten Torheiten vermeidet. Mittlerweile ist allerdings die Serienherstellung so rationalisiert, daß der Selbermacher nicht konkurrenzfähig ist, wenn er sich darauf einläßt, dem Diktat der Mode zu folgen. Schulterpolster einzusetzen, Unsymmetrien des Körpers durch Schnitte auszugleichen, solche Arbeiten sind zwar zu lernen, aber so mühsam, daß sie die Freude an der Angelegenheit verderben.

Ich empfehle deshalb, sich zunächst eher spielerisch mit den technischen Voraussetzungen bekanntzumachen und diesen Lernprozeß so weit zu treiben, wie man selbst will. Der eine wird genug haben, wenn er eine einfache Kappnaht beherrscht, andere finden Gefallen und Spaß an komplizierteren Details.

Daraus wird sich wie von selbst eine jeweils individuell unterschiedliche Kleidungsform ergeben müssen. Dieser Lernprozeß – der auch in der Schule durchgeführt werden könnte – ist niemals abgeschlossen, weil die ständigen Erfahrungen und Verbesserungen eine kontinuierliche Beschäftigung mit Kleidung ergeben und diese wieder die ihr zukommende Wichtigkeit erhält.

Nach dem Beherrschen des Nähens – in wenigen Stunden kann jeder eine (möglichst einfache) Nähmaschine bedienen, besser: sich einer Nähmaschine bedienen – wird ein möglichst einfacher Stoff gekauft. Nessel bietet sich an (zuerst wegen des Einlaufens tüchtig waschen). Die Bahnbreite ist jetzt die nächste Festlegung. An unserem Körper probieren wir aus, was wir machen wollen, heften, verbessern und tasten uns an ein erstes Ergebnis heran.

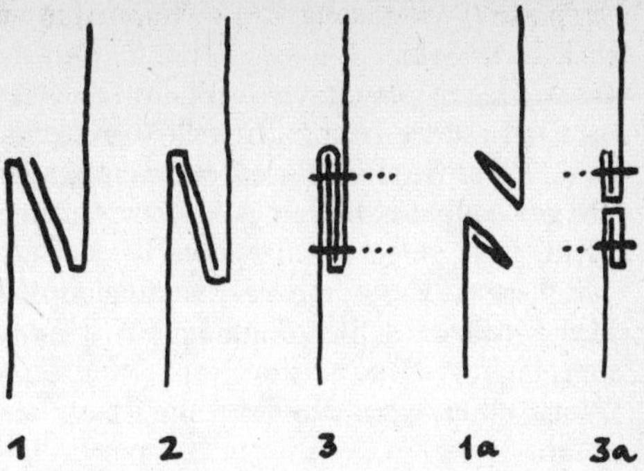

Zeichnung 12: Einfache Naht (a = mit Schlitz). 1 = Stoffenden umlegen, 2 = ineinanderschieben, 3 = zweimal Nähen nach Heften. 1a = Stoffenden doppelt umlegen, 3a = je einmal nähen. Die Nähte 3 und 3a laufen dabei gerade durch.

Zeichnung 13: Aufteilung der Bahnbreite (horizontal) und der Bahnlänge (vertikal) für Vorder- und Rückenteil und 2 Ärmel.

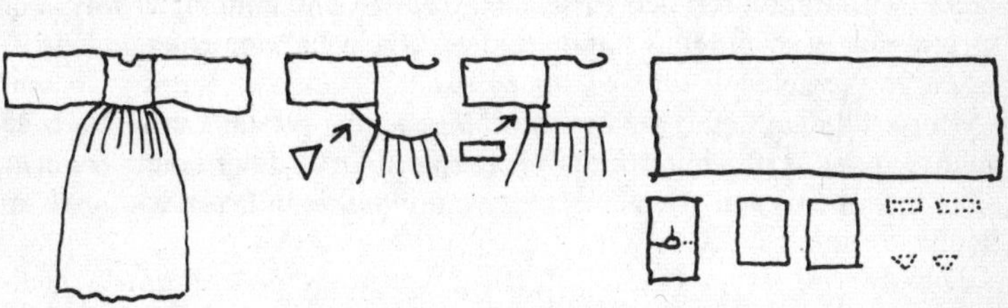

Zeichnung 14: Variationen durch Kräuselungen bei geraden Teilen. Afghanisches Nomadenkleid mit Detail und Darstellung der Teile (Rock, Oberteil, Ärmel).

Man sieht: Das Selbermachen ist es gar nicht allein; einbezogen ist der eigene Entwurf.

Selbst planen und selbst machen und selbst tragen.

Man kann ein wenig bei den ganz alten Kleidern, wie wir sie im Museum finden, abgucken. Anregungen gibt's besonders in völkerkundlichen Museen. Diese Kleider entsprechen noch weitgehend den Forderungen, die wir an zeitgemäße Kleidungsstücke stellen wollen.

Man sollte nur soviel Zeit in Entwerfen und Herstellen von Kleidung stecken, wie die Tätigkeit Spaß macht. Eine Hemdbluse, in einem Nachmittag mit Freude fertiggestellt, ist besser als ein schwieriges Kostüm, das uns so lange besetzt, daß die Freude getötet werden kann.

Die Entscheidung, ob und wie man an den Kleidungsstücken weiterarbeiten soll, sie färben oder schmücken, bleibt jedem selbst überlassen.

In dieser Weise ist die Verwendung der Kleidung zugleich individualisiert und variabel. Sie könnte im Extremfall »drapiert« werden wie eine Toga.

Das Selbstausprobieren möchte ich als hommage à *Dr. Gustav Jaeger* notieren.

Wesentliche Impulse zur wirklichen Reform entstanden nämlich durch die bis England wirkenden Vorschläge dieses Physikers, der in Stuttgart lebte, wobei die Überzeugungskraft darauf zu beruhen schien, daß er frank und frei erklärte, daß er seine Kleidung selbst ausprobiert habe (und dadurch von einem Kranken zu einem verhältnismäßig gesunden Menschen wurde) und reine Wolle direkt auf der Haut trüge. Seine Gesundheitsvorschriften gingen jedoch weit über die Kleidung hinaus. (*Health Culture* erschien 1887)

Das Selbst-An- oder -Ausprobieren wirkt neben der nachhaltigen Beschäftigung mit der Kleidung beim Herstellen und Tragen aber auch über das persönliche Kleid weit hinaus. Durch den ständigen Vergleich, die Konfrontation mit den Ergebnissen anderer Bemühungen wird eine allgemeine Beschäftigung mit diesem wichtigen Teil auf unserem Körper in die Wege geleitet.

Der schlimme Feind dieser Vorschläge ist die gedankenlose Nachahmung, die stets durch unfreie Menschen erfolgt und der kein Vorschlag sich entziehen kann. Das Ergebnis wäre dann eine irgendwie geartete Mode.

Zuschneiden, nicht zerschneiden

Im Café sitzt mir ein älterer Landkreisbewohner gegenüber, den ich immer wieder fasziniert ansehen muß. Dabei ist es eigentlich gar nicht seine untersetzte Statur oder sein rotgesundes Gesicht, was mich so von ihm eingenommen macht, als vielmehr seine Kleidung; und diese aus zwei Gründen:

Erstens besteht sie aus einem wunderschönen, weichen, kaum gemusterten Wollstoff, dem man die Tragbehaglichkeit direkt ansieht, und zweitens ist dieser in einer derartig gemeinen Art zerschnippelt, daß es einem nicht nur in den Augen, sondern zugleich am ganzen Körper weh tut. Der Bewohner dieses Anzugs ist eigentlich nur als Scherenhersteller verständlich, der immerzu für sein Produkt Reklame macht. Aber möglicherweise ist er nur ein ganz gewöhnlicher Mensch und Kaffeetrinker, der auf Seitenwege geraten ist.

Schon auf halber Brusthöhe seines Jacketts schnürt ihn eine dicke Quernaht ein, aus der zwei Brustlappen herausklappen und an der nach unten die aufgehängten Säcke der Taschen angehängt sind. Als solle es des Schnippelns nicht genug sein, ist noch ein kleines Zipfelchen, in das ein Knopfloch eher mühsam als praktisch eingearbeitet ist, angeklekkert.

In der Taillenpartie geht es ungeniert genauso, nur etwas größer und mit dem Zusatz eines Täschchens auf der einen Tasche, weiter.

Kein Lappen ist größer als 20 cm. Nicht einmal zum Putzen sind die später zu verwenden. Wartet man neugierig auf den Anblick von hinten, so wird man noch tiefer enttäuscht: eine gewaltige Längsquetschfalte wird von einem Querriegel und zwei Laschen zusammengehalten, als seien innerhalb der ob unserer tüchtigen Industrie eingeschränkten Tragezeit des Anzugs unwahrscheinliche Gewichtszunahmen zu befürchten, die sich auch ausgerechnet noch im Buckel ansetzen würden.

Wenn man sich jetzt die paar Läppchen mit Nähten perforiert und zierabgesteppt, mit Knopflöchern durchschossen und Abnähern verschnippelt vorstellt, so muß man doch als empfindsamer Mensch noch heute das Aufschreien des Materials in den Ohren haben.

Er aber trinkt seinen Kaffee ganz ungeniert und unbeeinträchtigt von der Qual auf seinem Körper. Solange ein Schnippler so etwas als Schneider macht, ist der Niedergang, wie ihn die Schuhmacher bereits als Schuster und Besohler unter Kaufhaustreppen hinter sich haben, nicht zu beklagen. Solange derjenige, der als Schneider oder Nichtschneider Stoff zu Kleidung verarbeitet, kein Gefühl für Material hat, sollte man ihm die Schere zum Zerschneiden verbieten.

Man wird meinen, daß der Held dieses Berichts ein Mann ist. Ich scheue Auseinandersetzungen tätlicher Art mit Amazonenemanzen und behaupte deshalb wider besseres Wissen und Gewissen, daß es bei unseren geliebten Damen ganz anders ist und sie nur denselben Kaffee trinken.

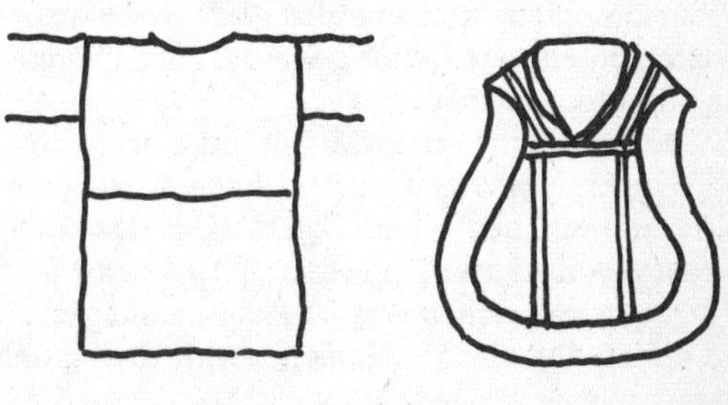

Zeichnung 15: Einfache Schnitte und Additionen von Stoffteilen bleiben noch im Barock erhalten. Nur das Ornament wird zeitgemäß. Tunika, spätes 6. Jh., Kasel 1776 (Mus. f. Angewandte Kunst Wien).

In den einleitenden Kapiteln wurde schon ausgeführt, daß der »Schnitt« – ein sehr anschauliches Wort – erst sehr spät in die Kleiderherstellung Eingang gefunden hat und daß es keinen plausiblen Grund dafür gibt, ihn überhaupt in der textilkaufhausabhängigen Kompliziertheit zu verwenden. Zwischen Stoff und Körper gehört er nicht dazwischengeschoben.

(Im übrigen ist er bei der Konfektionsherstellung eigentlich ein Widerspruch; er kommt vom individuellen Maßanzug her und erschwert die Herstellung nur, was durch immer kompliziertere Maschinen versucht wird, auszugleichen. Darauf haben die russischen Konstruktivisten schon vor mehr als 60 Jahren hingewiesen. Daß Stalin ihnen nicht recht gab, spricht eher für sie.)

Wer schleicht da durch die Hintertür?

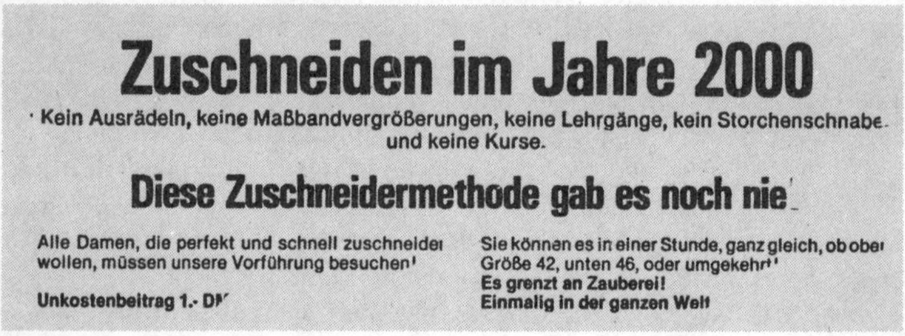
Zuschneiden im Jahre 2000

Kein Ausrädeln, keine Maßbandvergrößerungen, keine Lehrgänge, kein Storchenschnabe[l] und keine Kurse.

Diese Zuschneidermethode gab es noch nie!

Alle Damen, die perfekt und schnell zuschneiden wollen, müssen unsere Vorführung besuchen!

Unkostenbeitrag 1.- DM

Sie können es in einer Stunde, ganz gleich, ob oben Größe 42, unten 46, oder umgekehrt!
Es grenzt an Zauberei!
Einmalig in der ganzen Welt

Material und Behandlung

Stoff

Stoff war schon im Mittelalter ein kostbares Geschenk. In vielen Dichtungen der Zeit tauchen ganz bestimmte Begriffe als Bezeichnungen für ihn auf (so »pheller« für kostbares Tuch aus der Fremde). Bei dem ihm zugemessenen Wert und der Wertschätzung ist es nicht verwunderlich, daß man mit dem »Stück Stoff« äußerst sorgfältig umging und es nicht beliebig zerschnitt.

Wollte man kompliziertere oder mehr körperangepaßte Kleidung herstellen, so schnitt man nicht »zu«, sondern addierte Formteile zur unzerschnittenen verwendeten Bahn. Dadurch war zugleich die Übereinstimmung zwischen Muster (Ornament) und Kleidung gegeben.

Man werfe einen Blick in ein beliebiges Schaufenster mit heutiger *DOB* (soll heißen: Damenoberbekleidung). Selbst bei teuersten Roben

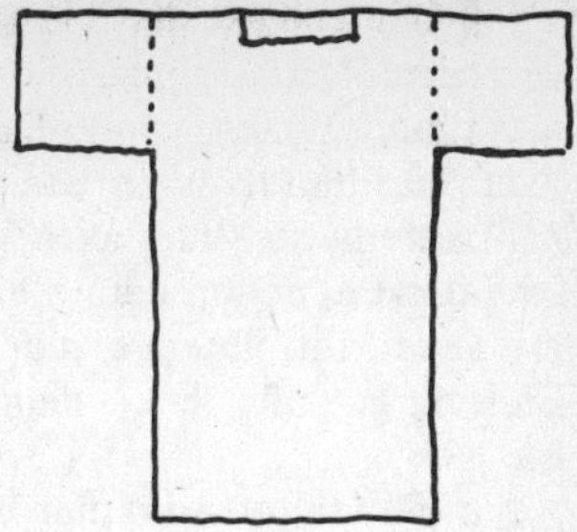

Zeichnung 16: Sakrales Gewand – einfachster Schnitt: Rekonstruktion einer Dalmatica (Bremer Dom, um 1000).

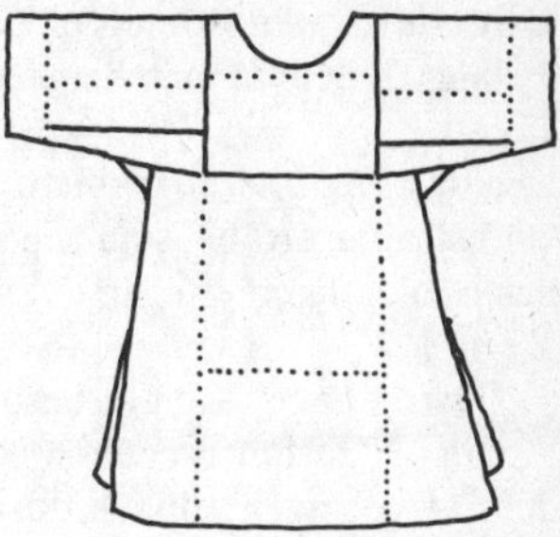

Zeichnung 17: Formentwicklung aus Einzelteilen, ihre Zusammenfügung und ornamentbedingte Abgrenzung. Dalmatica, Florenz, 3. Drittel 15. Jh. – produktionsbedingte, ... = ornamentbedingte Nähte. Seitwärts Schlitz. Zwickel unter Ärmel offen.

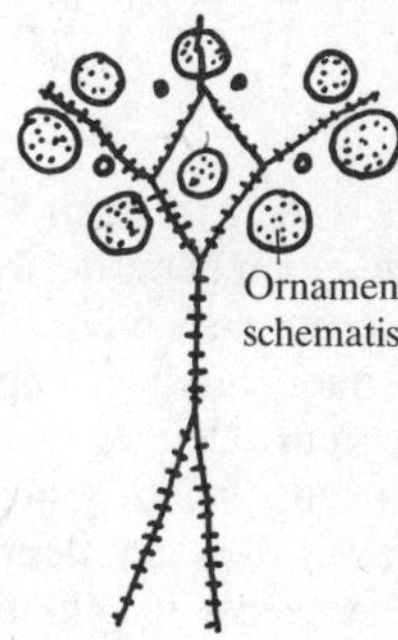

Zeichnung 18: Nähte als Verzierung. Ornamente auf Schnitt abgestimmt: Albe, Dommuseum Turku.

wird eine Ornamentform beliebig zerschnitten und dann auch noch willkürlich ohne Einhaltung des Rapports aneinandergestückelt.

Damit vergleiche man Museumsstücke, wie die sogenannte *Albe* (ein aus dünnem Leinen genähtes Hemd, 16./17. Jh.) im Dommuseum zu Turku, bei der gerade der Einsatz von Zusatzteilen (wie Zwickel am Ärmelansatz) die ornamentale Ausstattung mit Nähten und Stickereien bewirkt.

Für denjenigen, der den Stoff in dieser Weise verwenden will, ist es am besten, sich zunächst einmal die lieferbaren Bahnenbreiten zu ermitteln, die sehr unterschiedlich sein können. Er suche sich jedoch dann die Standards an Breiten aus, die ihm die größere Auswahl an Fabrikaten und Materialien bieten. Ich könnte jetzt leicht eine Aufstellung der Bahnenbreiten, die vorherrschen, geben, möchte jedoch, daß der Leser mit diesem ersten Schritt, den er selbst machen muß, einen Einstieg hat, der ihm – dem ehemaligen Kaufhausbenutzer – vertraut ist.

Für die Stoffart wird man im Kapitel »Das Material und seine Pflege« die Formel finden: Je dichter am Körper, desto natürlicher. Auch hier wird durch Anprobieren individuell herauszufinden sein, was einem behagt. Der eine mag keine Wollstrümpfe, der andere kein Seidenunterhemd.

Nur eines ist verbindlich: Das Material sollte so einfach, qualitätvoll und strapazierfähig sein wie nur möglich. Viele der Forderungen, die an Kleidung allgemein gestellt werden, müßten an dieser Stelle wiederholt werden.

Einfachheit kann ein besonderer Wert zugeordnet werden:

Zur Pilgerfahrt nach Mekka wird gemäß islamischem Gesetz der *Ichram* getragen, ein nahtloses Pilgergewand aus rauhem Tuch, das auch Mohammed 632 trug.

»Es ist der Stoff, aus dem die Kleider sind!«

Naht, Dekor und Farbe

Schon früh, am Beginn der 50er Jahre, störte mich das willkürliche Zerschneiden gemusterter, oft sehr schöner Stoffe, um einen vorgegebenen Schnitt ausführen zu können. Es erschien mir als eine Barbarei, eine Blüte quer durchzutrennen und sie in der Seitennaht mit einem Blatt zusammenstoßen zu lassen oder die Rose wegen eines Abnähers zu zerstückeln, sei sie auch nur aufgedruckt und nicht echt. Weiterhin schien mir die nicht dem Schnitt und Körper entsprechende Verteilung der Ornamente zu willkürlich, oft lächerlich, wenn auf einem Brusthügel ein Vergißmeinnicht thronte, der andere dafür silbern gestreift war. (Ein besonders lustiger Fall begegnete mir viel später in der City von *Dakar*, wo eine Dame das Konterfei eines Politikers so schräg auf dem Hintern trug, daß dieser bei jedem Schritt der Trägerin verzerrt, gequält grinsen mußte.)

Die Ornamente sollten also Körperform und Kleidungsstück entsprechen, sagte ich mir damals. Deshalb wurde zunächst das Kleid nach einfachem Schnitt (»Hänger«) zugeschnitten und geheftet, dann die Muster aufgemalt. Obwohl ich diesen Ansatz nicht weiter verfolgte, so könnte er heute doch sehr gut weiterbearbeitet werden; Parallelen in der bildenden Kunst sind deutlich, so die mit starken Farben ornamental bemalten Plastiken (z.B. der *Niki de Saint Phalle*).

Gegenüber der südeuropäischen drapierten Kleidung fällt bei der nordeuropäischen, dem eigentlichen Vorbild unserer heutigen Kleidung, die sorgfältige Behandlung der Naht auf. In manchen Kleidungsstücken der katholischen Geistlichkeit ist dies, traditionell unverändert, heute noch sichtbar.

So kann durchaus die Naht das Ornament, der Zierat für das Kleidungsstück sein. Die Ornamente, die wie selbstverständlich aus Rand und Naht entwickelt sind (heute in der Folkloremode wieder auftauchend), kann man sich daraus erklären, daß sie die ursprünglich »funktionelle« Verbindung ornamental verbreitern und betonen.

Diese Methode ist uralt und schon aus vorgeschichtlicher Zeit überliefert. In einem Tumulus bei *Kličevač* in *Serbien* fand man eine Frauenstatuette, die Ornamente der Kleidung in Mustern darstellt, wie wir sie vom Balkan noch heute kennen und bei der diese Verzierungen unzweifelhaft von Saum, Gürtel, Armbesatz ausgehen und sogar dort nicht fehlen, wo man sich etwa eine Rückenmittelnaht vorzustellen hat. In ähnlicher Weise würde man sich analog den Ursprung des Besatzes (so z.B. bei Germanen und Eskimos) als Verstärkung der Saum-, Naht- und Verschlußzonen erklären können.

Nicht umsonst heißt eine wichtige Stelle noch heute »Nahtzone«. Die Verbindung zwischen den Teilen ist den Menschen immer als etwas Besonderes erschienen. Hier hat sich auch seine Erfindungskraft am ehesten ausgeprägt. Zwischen einem handgewebten Wollkleid und einem maschinenhergestellten Tuch ist längst nicht ein solcher Abstand wie zwischen Knopf und Klett; die Zwischenstufen Druckknopf (seit Beginn dieses Jahrhunderts) und Reißverschluß (seit 1930 eingeführt) nicht zu vergessen.

Bei diesen wenigen Anregungen für das Ornament kann es bleiben. Hier gelte: *Erlaubt ist, was den Menschen in seiner Eigen-Art zeigt.* Die sonstigen Forderungen an die Verbindung zwischen den Teilen sind schon im Kapitel »Zuschneiden, nicht zerschneiden« erwähnt.

Eines der beliebtesten Veralterungsmittel ist die Farbe. Irgend jemand erklärt irgendwo, daß Lavendel nicht mehr in ist, und schon beginnen, mit einem halben Jahr Vorlauf mindestens, die Textilfabriken mit ihrer Produktion von Gold und Gelb, so daß diese Farben dann die »Modefarben« werden, die »man« trägt. Mit dem Jeansblau, dem es jetzt gerade an den Kragen geht, ist neben der einfarbigen *HOB* (heißt: Herrenoberbekleidung) der Durchbruch gelungen, eine Farbe über verschiedene Modezeiten zu retten. (Daß die Mode dadurch bedingt andere Änderungen vornahm, gehört nicht in diesen Zusammenhang.)

Es hat sich also schon gezeigt, daß es keinerlei Grund dafür gibt, diktiert von anderen eine bestimmte Farbe zu bevorzugen. Wenn jemandem eine Farbe besonders steht, mag er sie tragen, lebenslänglich meinetwegen.

Wir können uns kräftige Farben aus der Frauenmode nicht wegdenken; dabei ist das so geprägte Straßenbild recht jung. Anfang des Jahrhunderts waren die Töne noch sehr gedeckt. Paul Poiret hat als einer der ersten »mehr Farbe« gefordert; eine recht mühsame Entwicklung begann, gelegentlich wurden seine Créationen für Faschingskleider gehalten.

Zur HOB braucht dagegen kaum etwas gesagt zu werden. In Europa blieb sie bis heute »gedeckt«, kleinkariert bis nadelgestreift. In den USA war man mutiger. Meine erste Nachkriegshose, die aus einem Carepaket stammte, erregte mit ihrem hellen Violett ziemliches Aufsehen. Immerhin waren auch die europäischen Herren einmal (Anfang dieses Jahrhunderts) mutig in der Farbe gewesen; sie trugen damals einen bunten Frack als Straßenanzug. Heute sind Farben in der HOB fast nur bei Sportbekleidung gebräuchlich; Hemden bieten gelegentlich einen Farbklecks, falls sie nicht nach Intellektuellen-Gehabe schwarz sind.

Färben kann man heute seine Kleidung leicht selbst in der Waschmaschine. Die Drogerien haben seit neuestem vielfältige Auswahl bis hin zur kochfesten Farbe. Der Einfluß der Farbe (unabhängig vom Trägermaterial wirkend!) sollte gemäß Victoria Kulvinkas Anregung (Kursbuch ins 21. Jahrhundert) baldmöglichst wissenschaftlich untersucht werden.

Männer, mehr Mut zur Farbe!

Das Material und seine Pflege

Heutzutage beginnt sich eine Gesprächsbereitschaft über die dem Menschen zuträglichen Materialien auszubilden, die in Intensität und Details an die Zeiten der Wooleners im England des 19. Jahrhunderts erinnert.

Diese kritische Einstellung zu dem, was man auf der Haut trägt (anstelle des Pelzes), ist verständlich und berechtigt als Gegensatz zu der dummen Parole *»Erlaubt ist, was gefällt!«*: Erlaubt ist, was nicht krank macht.

Wenn man sich aber diesbezüglich an Forschungsergebnisse halten will (die mit einfachen Mitteln und geringen Kosten möglich wären), so wird man gar bald enttäuscht. Daß diejenigen, die alles Mögliche produzieren, von dem man bereits beim bloßen Betrachten erkennen kann, daß es gesundheitsschädlich ist, kein Interesse an solchen Untersuchungen haben, ist verständlich. Daß der Staat aus mißverstandener Liberalität oder infolge des Zwanges durch Lobbyismus nichts tut, ist ein Skandal; wenn aber die Menschen selbst nicht bereit sind, durch ihre Stimme und sei es durch die Abstimmung mit ihrem Geldbeutel einen Wandel herbeizuführen, verdienen sie das Schicksal der Hautkrankheiten und Allergien.

Solange es diese Untersuchungen über die Verträglichkeit (nicht nur die Hautverträglichkeit!) neuer Materialien nicht gibt und solange das Ergebnis der Untersuchungen durch gesicherte Garantie nicht abgedeckt wird, sollte jeder vernünftige Mensch zuerst einmal ungläubig bleiben, das heißt, jeden Kauf solchen Materials verweigern.

Diese Strategien – notwendigerweise mit der Bewußtseinsänderung der Menschen verknüpft und nicht verordnungsfähig – wirken sich sehr langsam aus. Deshalb gilt als Prinzip für den Übergang: Je näher das Material der Haut, desto weniger Anteil an nichtnatürlichen Stoffen.

Wenn heute bereits Menschen in 100% Plastik herumlaufen, scheint mir die esoterische Diskussion darüber, welche der von Tieren oder Pflanzen herrührenden Materialien welchem Körperteil am zuträglichsten sind, ziemlich idiotisch. Ganz feine Geister wissen sogar zwischen den Auswirkungen verschiedener vom Tier stammender und produzierter Materialien zu unterscheiden. So meinen manche, das Haarkleid, das dem Schaf am nächsten war, würde auch dem Menschen am wohlsten bekommen, und dieser dürfte sich keinesfalls mit Fäkalabscheidungen, wie sie die Kokons der Seidenraupe darstellen würden, umhüllen.

Ich selbst habe durch das Tragen von reiner Schurwolle oder Rohseide oder Baumwolle direkt auf der Haut die gravierenden Unterschiede der Wirkung feststellen können und habe allen Anlaß, diese Fähigkeit und Erfahrung auch allen anderen Menschen zuzutrauen, selbst wenn sie bezüglich ihrer sinnlichen Erfahrungsmöglichkeiten bereits total verkrüppelt sind. Also machen wir keine allzu detaillierten Vorschriften, sondern beherzigen lieber die Prämisse: *Je näher der Haut, desto natürlicher*.

Nun nützt es nichts, dem unbekannten Meister Chemie, der sich so beharrlich weigert, vor uns die Hosen herunterzulassen, die Vordertür zu versperren, wenn man nicht gleichzeitig am Lieferanteneingang eine Wache postiert, die achtgibt, daß sich der Fremdling von hier nicht vertretergewandtschmeichelnd wieder einschleicht.

Denn was nützt die reinste natürliche Unterhose, wenn sie rein nur durch den Meister Zocker wird (oder wie er sich auch immer nennen mag), den Chemieverspritzer, der in jede Pore dringt. »Die leichte Handwäsche mit dem Supermacher« ist nicht einmal unbedenklich für die spülende Hand. Durchkochen heißt seit Großmutters Zeiten die hygienischste Methode. Warum nur hängen die chemieabhängigen Ärzte so beharrlich an diesem Uraltverfahren?

Je dichter am Körper, desto natürlicher; das gilt für das Material und seine Säuberung – aber auch für die Häufigkeit der Reinigung.

Unreinlich ist ein Mensch, der seine Unterwäsche nicht häufig wechselt; nicht der, an dessen Mantel man einen Flecken entdeckt. Deshalb muß die Wäsche, je dichter sie dem Körper ist, desto pflegeleichter sein. »Pflegeleicht« im Sinne moderner Werbung ist aber etwas ganz anderes. Es bedeutet die kostspielige Verordnung der Inanspruchnahme eines chemischen Reinigungsunternehmens, die sich seit kurzem kurz Reinigung nennen, ohne auf den chemischen Bestandteil in ihrer Wirkungsweise noch stolz hinzuweisen. Die Österreicher – Meister der Verschleierung – sagen gar nur »Putzerei«.

Wenn ich für das Waschen und Bügeln von 3 Oberhemden im März 1982 7,50 DM bezahlen muß, wird es Zeit, die Hemden so zu entwerfen, daß man sie mangeln lassen kann. Eine ganze Wäschetrommel kostet dann (selbst wenn's ein anderer macht) 7,50 DM, das Mangeln ein paar Mark extra. Daraus resultiert: *Je näher am Körper, desto billiger zu reinigen.*

Die Haut wird am zuträglichsten mit warmem Wasser gesäubert sein. Unterhosen, Schlafanzüge und Taschentücher brauchen nicht gebügelt zu werden. Oberhemden und evtl. Anzüge werden gemangelt. Mit allem darüber kann man es halten, wie man will.

Daraus leiten wir die Folgerung ab, »Schnitte« so einfach zu wählen, daß sie diese Prinzipien nicht stören, sondern unterstützen.

Unsere Voraussetzungen sollten andererseits aber auch nicht stur angelegt sein. Ein Stoff, bei dem der Wolle Synthetik zugesetzt ist, kann besser als reine Wolle sein. Schon die alten Germanen (übrigens hochentwickelte Stofferzeuger) setzten der Schafwolle Hirsch- und Ziegenhaare, sogar Pflanzenfasern zu. Wir wollen wohl nicht deutscher als die Germanen sein.

Zur Pflege der Kleidung gehört auch das Bügeln oder Glätten. Hier wird ein oft sinnloser Aufwand getrieben. Es ist nicht einzusehen, warum Baumwollunterwäsche, die nach der Wäsche zusammengelegt fast glatt ist, noch einmal gebügelt werden soll.

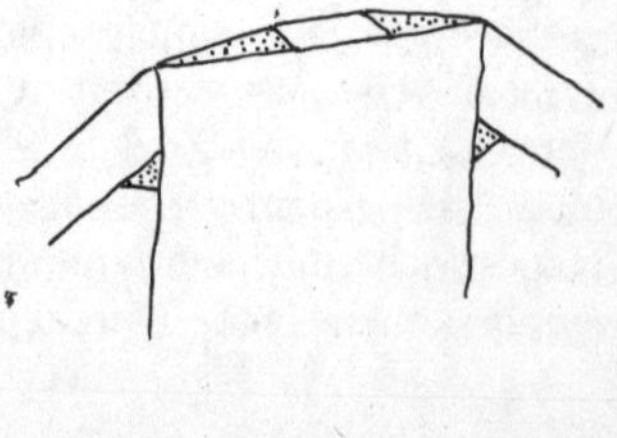

Zeichnung 19: Kleidung aus geraden Teilen mit Zwickeln – dennoch mangelfähig.

Wer schon einmal versucht hat, ein Hemd zu bügeln, gar eines, das plissiert ist, der wird, wenn er den Zeitaufwand, den jeder in seinem Leben gleichermaßen berücksichtigen muß, einkalkuliert, zu Lösungen kommen, die diese Zeitverschwendung vermeiden. Das gilt keinesfalls nur für den, der diese Arbeit selbst macht, sondern auch für denjenigen, der meint, sie machen lassen zu können, denn dieser hat ja an anderer Stelle eben entsprechend mehr Arbeit zu leisten, die sich in Vergütung umsetzen läßt. Insofern ist die Befreiung von unnötiger Arbeit zugleich ein Beitrag zur Selbstbefreiung, wenn sich diese auch nur aus der Summe vieler solcher kleinen Befreiungsbeiträge zusammensetzen kann.

Aber auch bei Anzügen erscheinen mir diejenigen Stoffe am sympathischsten, die infolge ihrer Struktur keine Glattbehandlung brauchen. Einfachere Stoffe, soweit sie für Kleidung benutzt werden, sollten so geschnitten sein, daß man sie mangeln kann. Eine Hose hat dann eben eine seitliche Bügelfalte, was sogar in gewisser Weise logisch ist, da die normale Bügelfalte, die ja schon tüchtig an Terrain verloren hat, aus dem Spleen eines englischen Dandy entstanden ist, der die Lagerfalte vor dem ersten Anziehen nicht ausbügeln ließ!

Ein Rückblick auf die Veränderungen der Kleidermaterialien: In Europa bestand noch 1780 die Bekleidung zu 78% aus Wolle, 18% aus Flachs und 4% aus Baumwolle. Ende des 19. Jh. war der Baumwollanteil bei 74%. Diese Verschiebung beruht nicht allein auf der Vergrößerung der Bevölkerung, sondern auch auf dem Mehrverbrauch. Daraus wird ersichtlich, daß es nur mit Hilfe von weniger Verbrauchen möglich wird, die Entwicklung, die heute zum synthetischen Stoff geht, umzukehren.

Die »stille Vernunft«

Die Frauenrechtsbewegung und die Reform der Frauenkleidung fallen zeitlich eng zusammen. Die Wirkung beider wurde neben der Pression durch die Männer vor allem durch die riesige Mehrheit der Frauen selbst beeinträchtigt.

Wie oft bei Bewegungen, die Änderungen verursachen sollen, ist es entscheidend, durch wen sie vertreten werden. Oft ist es gerade die Repräsentanz, die das eigentliche Anliegen vereitelt: Studenten wollen »Proletarier« vertreten, bürgerliche Bürgerrechtlerinnen die Arbeiterfrau. In der zynischen Bemerkung, die man bei *Stella Mary Newton »Health, Art and Reason«* (Dress Reformers of the 19th Century) nachlesen kann, steckt die tiefe Wahrheit der Vertretung – wenn auch auf ästhetische Maßstäbe bezogen: *»... that their cause* (nämlich die Sache der Frauenrechtlerinnen) *might be more acceptable if it were represented by prettier women.«*

Nun, sie wurde dann zunächst nicht durch hübschere Frauen, sondern durch Männer weiter betrieben, nachdem das englische Parlamentsmitglied John Stuart Mill 1865 eine entsprechende Gesetzesvorlage eingebracht hatte, und zwar sowohl durch Liberale wie Konservative! Mit *Women's Suffrage Journal* wird 1870 eine wenigstens redaktionelle zeitweise Verklammerung zwischen der Frauenrechtsbewegung und Reformkleidung hergestellt.

Mehr als die Wünsche aus den Reihen der Frauenbewegung, als die Anstöße von seiten progressiver Politiker, auch mehr als die hochgefeierten Künstlerreformmodelle trug ein Ereignis zur Verbreitung des Gedankens, vernünftige Kleidung zu tragen bei, die *International Health Exhibition* 1884 in London, eine Ausstellung, die nach Ergebnissen neuerer Auffassung zu Unrecht in ihrer Bedeutung heruntergespielt worden ist. Der Motor für diese zwar nicht erste, aber im Zusammenhang mit der Kleidung erfolgreichste Gesundheitsausstellung war *Ernest Hart.*

Es ist erstaunlich, daß mit den aufgrund wissenschaftlicher Untersuchungen verbesserten Anschauungen über allgemeine Hygiene in Wohnung und Ernährung auch Gedanken zu einer »hygienischen« Kleidung einbezogen wurden. Man kann wohl einen ungefähren Eindruck erhalten, wenn man vergleicht, in welch geringem Maße noch heute hygienische Notwendigkeiten in der Mode berücksichtigt bleiben, wobei die Torheiten wie dünne Strümpfe im Winter noch übertroffen werden durch das Tragen von Kunststoffunterwäsche usw.

Der allgemeine Zweck, den die Ausstellung verfolgte, war es, die Bevölkerung über die Wichtigkeit gesunden Lebens aufzuklären, und es mag vermutet werden, daß nach dieser erfolgreichen Ausstellung die allgemeine Einstellung sich so änderte, daß man mit mehr Aussicht auf Erfolg an die Verwirklichung von Reformen in der Kleidung gehen konnte.

Nachweisbar ist diese Änderung der Einstellung auch dadurch geworden, daß sich nach dem 8. Mai 1884 Künstler vermehrt um Änderungen in der Kleidung bemühten. (Wie nachhaltig der Erfolg gewesen sein mußte, können wir daran ablesen, daß die Ausstellung weit über ihr vorgesehenes Ende verlängert wurde.)

Ein in seinen Auswirkungen ganz wichtiges Detail der Ausstellung war es, daß einem größeren Publikum ermöglicht wurde, anhand von historischen Modellen (designed durch *Madame Tussaud*) Vergleiche anzustellen, wobei die Kleidungsstücke, die Formen durch »Unterkonstruktionen« herstellten, als schlecht, die Kleidung zur Zeit *Edwards I.* mehrheitlich als schön empfunden wurde.

Dies Ergebnis einer »Abstimmung« ist sensationell. In einer Zeit der Industrialisierung, des Aufbruchs, der Risiken (das, was wir im nachhinein so zweideutig Fortschritt nennen), findet man Kleidung zur Zeit des Baus der *Alhambra* oder der Fertigstellung der *Sainte Chapelle* schön, fortschrittlich, modern – und zwar wohl unter dem vordringlichen Gesichtspunkt, den das Thema der Ausstellung bezeichnete. (Edward I. lebte von 1239–1307.)

Schon hier wird ein Argument, dessen wir uns bedienen wollen, sichtbar; ich nenne es »stille Vernunft« – es wird als durchgehendes Prinzip erkennbar, je weiter wir in der Kleidung geschichtlich zurückgehen. So erweist sich einmal der sonstige Hemmschuh Tradition als sein Gegenteil: Durch Kenntnis, durch den damit möglichen Vergleich (ein ganz wichtiges Mittel bei der Durchsetzung von Partizipationsmodellen) wird Kritik gewonnen. Das Sinnvolle – 1884 von der Menge bemerkt – ist eines der wesentlichen Anliegen jedes für andere (oder für sich) gestaltenden Menschen. Versteckt begegnet es uns weltweit und jahrtausendelang.

Der Schnitt des japanischen Sommerhemdes für Männer entspricht genau dem des Frauenarbeitshemdes, wie es noch bis in unser Jahrhundert getragen wurde (rechtwinklige Teile, gerader Ärmelansatz). Man kann dies im Museum Schloß *Lichtenberg/Odenwald* und in anderen Volkskundemuseen, so in *Weikersheim* nachprüfen.

Ich habe bewußt in diesem Zusammenhang das etwas verschwommene Wort »sinnvoll« gewählt und nicht das heute viel gebrauchte und angeblich klarere »logisch«. Es ist mir ein Anliegen, gerade vom Nüchtern-Praktischen (das ich ja keinesfalls ablehne) auf den oft geheimen Sinn zu kommen, den wir den Dingen durch unseren Kopf und unsere Hand geben.

Extreme Sinnlosigkeiten finden ihre Grenzen in der Praxis des Tages. Die chinesischen Bauersfrauen erfreuten sich gesunder, großer, unver-

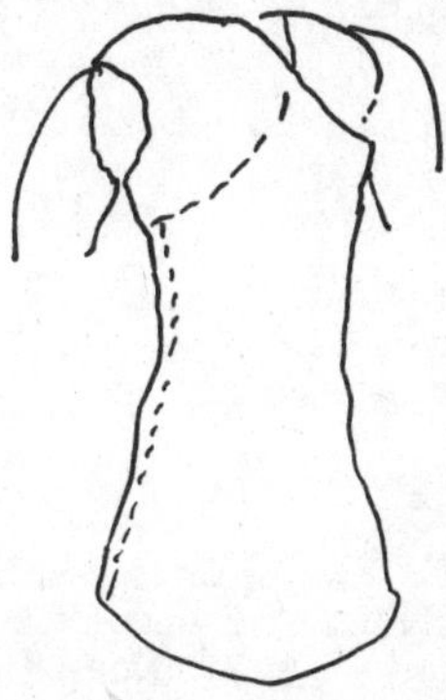

Zeichnung 20: Zwei gleiche Teile: Litauische Frauentracht (vereinfachte Darstellung).

stümmelter Plattfüße, während die Nichtstuerinnen unter den Verkürzungen ihrer Füße schrecklich zu leiden hatten. Ein sehr altes Beispiel? Dumme Frauen leiden noch heute in Stöckelschuhen und nicht nur am Fuß und nicht nur für die Zeit des Tragens dieses Unikums.

Abgucken von Primitiven

Von alters her waren die »Primitiven« sinnvoller angezogen als die »Entwickelten«. An vielen Stellen läßt sich dies nachweisen. Selbst Details sind oft von verblüffender Einfachheit. Eine gute Fundstelle bieten die sogenannten Alternativzeitungen, die neben Tips für gesundes Bauen und Leben auch einfache Kleider mit ihren Schnitten (soweit man dieses Wort überhaupt dafür verwenden soll) publizieren. So wichtig es ist, von den einfachen Menschen zu lernen, so ist doch hier die Gefahr der Nachahmung einer regionalen Tracht, also Verballhornen zur Folklore besonders groß. Zu allgemeinen Reformansätzen in der Kleidung haben die »Alternativen« bisher noch nicht gefunden.

Jedenfalls wird hier aber ein Weg beschritten, der wenigstens beispielhaft sein kann. Ich will auszugsweise ein solches Rezept zur Herstellung eines afghanischen Nomadenkleides (aus »Humus«) wiedergeben und kommentieren. (vgl. Z 14)

»Dieses weite und bequeme Kleid ist einfach zu nähen. Man sollte, bevor man darangeht, erst mal alles durchlesen.

Der Rock: wird zwischen Taille und Busen an das Oberteil genäht. Dazu zieht man einen oder mehrere Fäden in großen gleichmäßigen Stichen durch einen mindestens 2 m langen Baumwoll- oder Leinenstoff und rafft ihn so lange, bis er der Figur angepaßt erscheint, aber eher weit als eng. Das ergibt schöne Falten (wenn die Weite stimmt – Knoten), man näht dann die eine Naht zusammen. Wenn man möchte, kann man auch verschiedene Stoffe in Bahnen zuschneiden und hat mehrere Nähte zu nähen.«

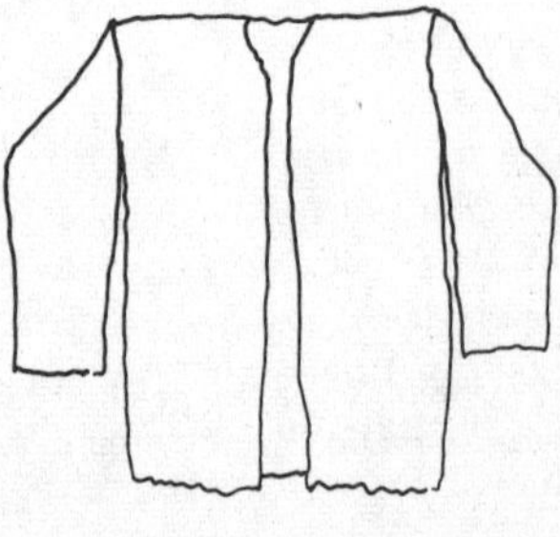

Zeichnung 21: Zeitlose Urform der Jacke: Männerjacke, Dajak, Borneo (Nat. Mus. Kopenhagen).

Aus einer unveränderten Bahn des Materials wird also durch Reihen ein Rock. Der Nachteil besteht darin, daß im Gürtelbereich zuviel Stoff angehäuft ist.

Was nun folgt, liest sich aber eher wie eine Anleitung zur Zierstickerei; die Hinweise zur Ausgestaltung verdecken, daß auch das Oberteil ähnlich einfach geschnitten ist:

»Das Oberteil: wird oft bestickt oder ähnlich dekoriert. Daher schneidet man besser den Stoff doppelt zu, um dem Ganzen Festigkeit zu geben. Man benötigt 4 gleich große Vierecke am besten aus einem anderen Stoff als den Rock. Man kann das Vorder- und Rückenteil auch aus einem Stück zuschneiden, dann fällt die Schulternaht weg. Das Vorderteil, wenn man es besticken möchte, sollte nicht oder nur wenig gemustert sein. Hinten wird ein kleiner Halsausschnitt geschnitten (lieber erst zu wenig, nachher nachschneiden möglich). Vorne schneidet man einen kleinen Halsausschnitt und in der Mitte (muß genau die Mitte sein) einen geraden Einschnitt 10–20 cm lang. Am Ausschnitt die 2 Teile (Stoff und Futter) gegeneinander nähen. Der Halsausschnitt kann am Schluß mit dem Rockstoff eingefaßt werden (keine Angst, sehr einfach) oder umstickt oder mit Band, Spitze etc.... abgesetzt werden. Das Ende des Einschnitts vorne schneidet man so ein, daß ganz unten ein kleines umknickbares Dreieck entsteht (mit Papier üben), aber nur 1 cm tief einschneiden. Die Ärmel werden gerade eingesetzt, man schließt die Seitennähte des Oberteils am besten erst, nachdem die Ärmel eingesetzt sind. Die Schulternähte schließt man schräg zu den Ärmeln hin etwas abfallend, so daß sie an der Schulter anliegen. Man setzt unter den Ärmeln bis zur Taille kleine Stoffdreiecke oder Querbänder ein, es empfiehlt sich das zu tun, das Anziehen geht leichter.

Dann wird der Rock an das Oberteil angenäht.

Die Ärmel: Für die Ärmel schneidet man so zu, daß die Stoffbreite ungefähr 90 cm beträgt und so lang ist wie die Arme und Hände. Man setzt sie in die Seiten des Oberteils ein und kräuselt oben, wo der Ärmel an die Schulter genäht werden soll, mit einem Faden (wie an der Taille) etwas ein und paßt dieses Teil als letztes ein. Jetzt schließt man die Ärmelnaht, sie muß innen liegen. Zuletzt säumt man die Ärmelenden und den Rocksaum.

Das Nähen ist fertig.«

(Die folgenden Ausführungen über die Applikation von Seide und Stickereien können wir uns sparen.)

Das Abgucken von den Primitiven ist also gar nicht so leicht. Man darf sich dabei nicht durch Äußerlichkeiten vom Sinnvollen wegleiten lassen. Ein Prinzip zu erkennen und zu übernehmen ist sinnvoll. Ein Vorbild und besonders ein regional anderes oder aus einer anderen Zeit stammendes nachzumachen, ist eine Mode.

Es wird überall anklingen, daß ich meine Entwicklungen zu zeitgemäßer Kleidung nicht als sensationelle Erfindung ansehe, sondern sie in einen Zusammenhang stelle, der in der Geschichte viele tausend Jahre zurückreicht. Sie mögen neuartig wirken, sind jedoch keinesfalls neu.

Zwar habe ich sie zunächst ohne Kenntnis der historischen Vorläufer »erfunden«, sie mir aber quasi im nachhinein durch die Historie (und die immergültigen menschlichen Urgesetze) bestätigen lassen. Dabei habe ich manche Überraschung auskosten können, so, wenn ich irgend etwas besonders Sinnvolles als Erfolg an meine Fahne heftete und sehen mußte, daß die Idee 2000 Jahre alt ist. Es hat mich also nicht gestört (wie das eifernden Neuerern geschehen könnte), sondern bestätigt.

Es macht sich immer gut, ein paar uralte Vorläufer anzuführen, die im nachhinein bestätigend wirken können:

Vom 3. Jahrtausend v. Chr. an ist ein hemdartiges, ärmelloses Gewand »Kalasiris« in Ägypten bekannt.

In Griechenland bestanden *»Chiton«* und *»Peplos«* aus rechteckigem Baumwoll- bzw. Wollstoff, wie auch der Wollmantel »Chlaina« oder der Wickelmantel *»Himation«*. Die entsprechenden Gewänder der Etrurer hießen *»Chiton«* und *»Tunika«*, und für den Mantel sagten sie *»Tebenna«*.

Neben der »Tunika« kannten die Römer *»Toga«*, *»Stola«*, *»Dalmatica«* und *»Pallium«* (Mantel), alles nach demselben einfachen Prinzip, das auch von den Byzantinern übernommen wurde. Daneben gab es noch einige halbrund-geschnittene Kleidungsstücke.

In der romantischen Zeit werden »Dalmatica« und »Tunika« getragen, in der Gotik beginnt sich der *»Schnitt«* mehr und mehr durchzusetzen (*»Cotte«* = Ärmelrock). Bis zur Renaissance sind jedoch diese »Schnitte« in der Regel einfach (*»Wams«* = Jacke mit langen Ärmeln).

Jetzt geht es schnell »vorwärts«. Eine einzige Unterbrechung ist zu verzeichnen, die Französische Revolution, nach der die Männer keine *»culottes«* = Kniehosen mehr trugen, sondern *»sansculotten«*, das heißt nicht etwa hosenlos gingen, sondern mit *»pantalons«*, den langen Hosen, die Männer heute noch tragen.

Eine besonders sinnvolle Frauenkleidung wird uns (ausnahmsweise einmal) in norwegischer Tracht überliefert, die weitgehend den Wikingerkleidern entspricht, wie man sie in den skandinavischen Volkskundemuseen findet. Das Kleid besteht aus einem Rock, der nur mit einem Gürtel gerafft wird und an den ein miederartiges Oberteil angearbeitet ist, das aber eher wie breite Hosenträger aussieht, also keinen Miederschnitt hat. Darunter wird ein Hemd getragen, das aus geraden Teilen zusammengenäht ist. Abnäher und ähnliches gibt es nicht. Wir kennen dieses Hemd schon als japanisches Männerhemd.

Man hat aus verschiedenen Fundgegenständen der Vasa die Kleidung eines Matrosen zusammengesetzt. Sie besteht im einzelnen aus einer kurzen, wollenen Jacke, weiten Kniebundhosen aus Wolle, Lederschuhen und einer Stoffkappe. Es gab also keine besondere Wetterkleidung. Der Schnitt: ohne Kragen, Vorder- und Rückenteil fast gradlinig, so daß der Ärmel wie unter Schulterklappen eingesetzt ist.

Eine Meldung von gestern: *»Aus der Vergangenheit holt sich der italienische Modeschöpfer Giorgio Armani Anregungen für die Mode der Zukunft, den Winter 82/83. Für die Kreation nahm der Designer Fresken des 15. Jahrhunderts zum Vorbild.«*

Aufruf zum Protest

Heute ist das Wort *»Umwelt«* in vieler Munde gekommen. Fast immer wird mit diesem umfassenden Begriff nur ein Teilgebiet gemeint, aus dem man sich selbst eher ausklammert.

Betrachten wir einmal einen von vielen möglichen, den optischen Aspekt, das Erscheinungsbild, so sind Dinge wie Häuser und Straßen, auch Bäume eher in unsere Betrachtung einbezogen als wir selbst mit unserer Anwesenheit. Mit ihr können wir sehr wohl die Umwelt (die es so allgemein natürlich nicht gibt, es handelt sich stets um andere »Umwelt«) empfindlich stören.

Das kann neben unserer bloßen Anwesenheit (dort wo wir nichts zu suchen haben) durch unser Verhalten (unangepaßtes Betragen) geschehen, besonders aber durch die Dinge, deren wir uns bedienen, Kleidung und Hilfsmittel für größere Mobilität.

Die Kleidung der Menschen ist einer der größten optischen Umweltverderber, die es überhaupt gibt. Solange die Kleidung nicht zu Wertigkeiten wie Qualität, Ehrlichkeit und Einfachheit zurückfindet und das Bewußtsein und die Verantwortlichkeit der Menschen ihrer (optisch wahrnehmbaren) Umwelt gegenüber ganz grundlegend geändert wird, abrückend von dem Zielsatz »Alles ist möglich und deshalb auch zu machen«, kann – wie auch immer – eine wirkungsvolle Verbesserung nicht erreicht werden. Ändert sich jedoch die Menschheit, so würde sie durch die mögliche Rückwirkung der Dinge auf die Generationen nach ihren Kindern vielleicht belohnt.

Noch nie in der Geschichte der Menschen ist uns der billige Trend so hautnah auf das Fell gerückt. Die Mode macht Kleidung zu einem Tingeltangel von Nichtigkeiten, neben denen die oft angeprangerten Auswüchse des 19. Jahrhunderts wie naive Scherze wirken. Das alles, was unsere Umwelt verhunzt, ist blutiger Ernst und – mögen auch einige darüber in Qualen lachen – ganz ernst gemeint.

Noch nie in der Geschichte des Menschen hat das »Billige« mit gleichem Maße wie idiotischer Luxus die Umwelt des Menschen derartig verdorben. Wir müssen uns und unsere Umwelt von diesen Scheußlichkeiten befreien.

Wir müssen sofort anfangen, jeder für sich aber auf der gemeinsamen Menschenbasis der neuerlichen Identifikation mit den Dingen. Dabei dürfen uns die alten Werte wie »Marktgängigkeit« nicht länger stören. Nicht der Markt entscheidet für uns, sondern wir entscheiden über die Notwendigkeit eines Marktes.

Fangen wir an, das, was uns zwingt, zu negieren, um einige unserer Ziele (die alle zu uns führen) formulieren zu können. Wir wollen: Nichtmarkt, Unmode...

Einfachheit ist nicht Armut. Sparsamkeit ist nicht Geiz. Luxus ist nicht Wohlergehen.

Was andere für mich machen, muß nicht unbedingt besser sein als das, was ich mir antue.

Was ich mit den Dingen erfahre, lerne ich für mich selbst; wenn ich nicht nur »den Weg des geringsten Widerstandes gehe«.

Was ich an Unabhängigkeit gewinne, öffnet mir Wege in meine Freiheit und Freude.

Fangen wir an, uns die Modefetzen vom Leib zu reißen, jetzt im Augenblick!

Es ist einfach, Konsumverweigerung zu fordern, ohne wenigstens ansatzweise Rezepte zu geben, wie man auch in dieser Konsumverweigerung (oder besser Konsumreduzierung) »vernünftig« leben kann, mehr Freiraum, mehr Freizeit, mehr Freiheit für sich selbst gewinnt.

Es gibt nicht ein einziges Rezept, sondern derer viele, je nach dem, von welchem Ansatz man ausgeht. Einer dieser Ansätze ist im 14-Punkte-Programm des Einleitungskapitels dargestellt.

2. Entwicklung von Reformkleidung – ein Beispiel

Ein persönlicher Bericht

Erinnerungen

Meine persönliche Beschäftigung mit der Kleidung läßt sich bis in meine Jugend zurückverfolgen. Vielleicht wurde ich überhaupt erst durch die Umstände, die damals gegeben waren, ganz selbstverständlich an die Probleme herangeführt, so daß die spätere mehr systematische Beschäftigung das simple Resultat war.

Ich muß dazu erklären, daß ich meine frühe Kindheit in einem armen Dorf verbrachte. Weder Erwachsene noch gar die Kinder kannten irgendeinen Kleiderluxus, abgesehen vom Sonntagsanzug, der oft auch noch von der vorigen Generation übernommen wurde. Selbst spezielle Regenkleidung gab es nicht – ein in unserer Plastikzeit unvorstellbarer Gedanke. Andererseits bedeutete es keine Katastrophe, einmal »bis auf die Haut« naß zu werden. Bei den Bauern auf dem Feld war es üblich, daß sie sich zum Regenschutz einen Kartoffelsack überlegten, bei dem sie einen Zipfel in den zweiten so einsteckten, daß sich eine Kapuze ergab, wodurch die dem Regen besonders ausgesetzten Stellen durch das doppelte Tuch noch besonders geschützt waren. Aus diesen Erinnerungen läßt sich schon eine meiner Forderungen an zeitgenössische Kleidung ableiten:

Einfache Mittel sinnvoll einsetzen.

Aber noch etwas anderes ist mir schon aus früher Jugend ganz stark in Erinnerung, das ist die Beziehung, die man schon als Kind zur eigenen Kleidung hat. Es wäre für uns Kinder ganz undenkbar gewesen – was heute in der Jugend wie selbstverständlich praktiziert wird –, ohne irgendeine Frage Kleidung eines anderen anzuziehen, nur weil sie gerade als nächsterreichbare zur Verfügung steht. Mit der Kleidung verbindet sich für mich bis heute mehr als nur die Vorstellung von einer schützenden Haut. Meine alten, abgetragenen Anzüge bedeuten mir nicht nur durch die Verbindung mit in ihnen erlebtem Leben etwas, sondern sie sind wie ein Teil von mir selbst:

Kleidung ist ein Körperteil.

Seltsamerweise identifizierte man sich – wohl wegen der besonderen Anlässe, bei denen man ihn trug? – mit dem Sonntagsanzug mehr als mit dem »Alltagsanzug«, obschon dieser doch »alle Tage« getragen wurde. Dies deutet auf eine noch stärkere Bindung mit dem Geschehen, den Ereignissen hin, für die der Anzug dann die äußerliche Darstellung war.

In der Kleidung nistet das Ereignis.

Diese sehr subtilen Verbindungen mit dem heute eher als »inhaltslos« angesehenen Kleidungsstück hatten aber auch eine ganz besondere Folge, die, so fürchte ich, heute gänzlich unverständlich sein dürfte, nämlich die Schonung der Kleidung. Man darf dies nicht einfach als Resultat einer diktierten Erziehung »Schont eure Sachen« oder aus Armut »So schnell gibt's nichts Neues« sehen, sondern auch als eine persönliche Einstellung zu einer Sache und zu dem Wert einer Sache:

Kleidung hat Wert und ist der Schonung wert.

Natürlich wußte ich, als mir diese und andere Eindrücke eingeprägt wurden, nichts von den Zusammenhängen, in denen sie stehen und entstanden. Viele sind mir aber so gegenwärtig, daß ich später im Leben immer wieder erstaunliche Parallelen feststellen konnte. So haben wir uns als Kinder mit einem der großen, rhabarberblattähnlichen Blätter geschützt, wie sie an Bachläufen überall vorkommen. Das trichterförmige, an einer Seite bis zum Stiel geschlitzte Blatt war, Stiel nach oben, ein idealer Regenschutz, der bis über die Schultern reichte.

In Bali nehmen die Bauern zum gleichen Zweck die Blatthülse eines alten Bambus, die überall verfügbar ist. Da diese nur auf einer Seite einen lackartigen Überzug besitzt, der kaum Feuchtigkeit eindringen läßt, wellt sich das Blatt bei Regen automatisch zu einer Haube, die sich dem Kopf des Trägers anlegt.

In »unterentwickelten« Ländern kann man heute noch etwas sehen, was mir auch aus meiner Kindheit vertraut ist, nämlich, daß Kleidung repariert und wenn nicht mehr reparabel wiederverwendet werden kann. Schon bei den Kleidern, die uns von Moorleichen überkommen sind, erstaunt die Kunstfertigkeit der Ausbesserung – ich vermeide ausdrücklich das herabsetzende Wort Flicken. Da man davon ausgehen kann, daß die Menschen, die diese Kleidung trugen, keinesfalls zu den Ärmsten gehörten, muß die Ausbesserung damals genausowenig abwertend für den Träger gewesen sein wie in meiner Kindheit. Der vielfach geflickte Anzug war ein ganz selbstverständlicher Eindruck. Einen neuen Anzug auf dem Felde zu tragen, wäre sofort aufgefallen. Bezeichnenderweise werden heute Kleidungsteile propagiert, bei denen die (rein formale) Phantastik des Ausgebesserten von vornherein appliziert ist. Es mag heute dennoch abwegig erscheinen, zu formulieren:

Ausbesserung macht Kleider wertvoller.

Wenn Kleidungsstücke überhaupt nicht mehr auszubessern waren, dann wanderten sie nicht etwa in den Müll. Ich glaube gar, daß es diesen Begriff nicht einmal gab. Auch die Haushalte, die nicht in die landwirtschaftliche Produktion eingebunden waren, erzeugten ganz einfach keinen Müll. Es gab auch keine Müllabfuhr. Zuallerletzt wurden Stoffteile noch als Putzlappen verwendet. Erst wenn sie – zerfasert – auch dazu nichts mehr taugten, wanderten sie auf den Mist – heute sagt man dazu Komposthaufen:

Wegwerfen ist Schande.

Aus ganz früher Jugend ist mir das kindliche Vergnügen an schmükkender Kleidung bis hin zur Maskerade in Erinnerung. Jungen wie Mädchen machten sich Bänder, Kränze, Reife, Ringe aus allen möglichen Materialien, meist natürlichen, weil nichts anderes verfügbar war. Erinnerlich ist mir aber auch, daß solches Herausputzen von den Erwachsenen (nicht jedoch von meinen eigenen Eltern, die andere Auffassungen hatten) als lächerlich und »weibisch« bezeichnet wurde, so daß die anpassungsbereiten Kinder sehr bald von dieser »Putzsucht« abließen, wir »anderen« uns als »anders« verrieten:

Kleidung bedeutet individuelle Kennzeichnung.

Aus diesen und anderen, später noch zu erwähnenden Erfahrungen und meinem kritischen Nachdenken, sowie nicht zuletzt aus einer ganz persönlichen unstillbaren Experimentierlust, dann auch mit der dauernden Unzufriedenheit einmal Erreichtem gegenüber bildet sich – rückblickend ist das leicht feststellbar – eine kontinuierlich sich entwickelnde Linie »Kleidung statt Mode« heraus, die aber nicht isolierten Raum in meinen Beschäftigungen einnahm, sondern mit vielen anderen – so der Architektur – verflochten ist. Es könnten Arbeitsweisen und meine Beschäftigung mit Dingen auch auf diese anderen Gebiete übertragen werden; damit ist diese Beschäftigung ein Muster, ein Beispiel.

Meine persönliche Erfahrung dabei wurde, daß ich mir während der Bearbeitung über viele Zusammenhänge (auch anderer Art aus anderen Disziplinen) in meiner Kindheit und Jugend bessere Klarheit verschaffen konnte.

Frühere Versuche

Es mag sicherlich manch gescheite Abhandlung über die Ausbildung des Puffärmels oder die Entstehung gruppenspezifischer Ausprägung der Reduktion des Revers bei frühsozialistischer, bestimmender Arbeiterfeiertagskleidung geben.

Als ich jedoch begann, mich mit Kleidung zu beschäftigen, bin ich von meinen Gedanken und meinen zwei Händen ausgegangen. Als Student in den 50er Jahren reduzierte ich bereits meine Kleidung auf T-Shirt (den Namen gab es damals noch nicht), weite Arbeitshose (etwa wie sie Zimmerleute noch manchmal tragen, jedoch ohne den »Schlag«), eine hemdartige Bluse oder Jacke, einen dicken Wollpullover und einen Kittel mit eingelegter Kapuze als Mantel. Das brachte mir (wohl eher wegen der nackten Füße in Sandalen und den ohne »Frisur« vom Kopf herabhängenden Haaren) den Spitznamen Agamemnon ein.

Der unbeabsichtigte Affront, den ich mit dieser von mir als »praktisch« eingestuften Kleidung verursachte, ließ mich so meine Gedanken machen:

- Warum kann Bettwäsche gemangelt werden, das Herrenhemd jedoch muß gebügelt sein?
- Warum darf der doch die eine Hälfte des Tages getragene Schlafanzug nur heiß gewaschen werden, muß die Unterwäsche für die andere Hälfte jedoch gekocht werden?
- Warum gelten enge Tuchhosen aus sperrigem Stoff, in denen man sich nur unter Schwierigkeiten bewegen kann, als bequem?
- Warum ist man in einem Theater mit einem phantastischen Rüschenbesatz passend angezogen, nicht jedoch mit einem aufgedruckten chinesischen Drachen?
- Warum verteidigen Menschen halsbrecherisches Schuhwerk, während sie sich über die chinesische Mode der Fußverkrüppelung mokieren?
- Warum können Frauen ein Dekolleté tragen, Männer jedoch nicht, Frauen Bein zeigen, Männer nicht?

Es gibt zur Kleidung noch viele ähnliche Fragen zu stellen. Ich hatte nicht versucht, irgend etwas »anders« zu machen, sondern ganz schlicht Antworten auf einige dieser Fragen zu geben, die mir widersinnige Tatbestände zu enthalten schienen.

Ich wollte auch nicht, daß die von mir entwickelte Kleidung angenommen oder sogar nachgeahmt wird, sondern daß die Menschen beginnen, sich mit ihrer eigenen Kleidung selbst zu befassen. Wenn dies geschieht, werden sicher auch die Unzulänglichkeiten und Fehler, die ich gemacht habe, erkannt und abgeändert werden, können sie bei anderen Entwicklungen vermieden werden. Denn jeder ist dazu berechtigt, Fehler zu machen, nicht jedoch, die Fehler anderer zu übernehmen oder nachzuäffen.

Betrachte ich rückblickend diese Versuche, so fällt mir auf, daß sie aus einer Kombination von *käuflichen, praktischen* Kleidungsstücken (T-Shirt, Hose) mit *neuentwickelten* (Jacke, Kittel) und *selbstgemachten* (Pullover) bestehen.

Diese drei Komponenten, das sei hier schon vorweggenommen, haben sich im Laufe der Zeit stark verschoben. Bis auf die Unterwäsche ist alles neuentwickelt und selbstherstellbar geworden, ja selbst diese erscheint mir jetzt, nachdem ich mich in der Welt und den Museen etwas umgesehen habe, besser in Form des dreieckigen Tuches, wie es Eingeborene tragen, zu sein als in der aufwendigen Paßform, die wir kennen.

Wie sahen nun diese Kleidungsstücke aus? Die hemdartige, ungefütterte Jacke bestand aus viereckigem Vorder- und Rückenteil. In der oberen Naht blieb ein Teil als Kopfschlitz offen, auf einer Schulter wurden beide Teile miteinander verknöpft. Die Ärmel waren konventionell eingesetzt. Der Pullover war genauso, jedoch ohne die Knöpfe, da er dehnbar genug war, ihn über den Kopf zu ziehen. Ich habe ihn etwa 20 Jahre getragen.

Der Mantelkittel bestand in analoger Weise aus geradem Vorder- und Rückenteil. Im Vorderteil war jedoch ein knapper, vertikaler Schlitz eingearbeitet, der mit einem Reißverschluß geschlossen war. Die Kapuze war eigentlich ein überbreiter Kragen, den man nach innen doppelt umschlagen konnte. Ein kleiner Reißverschluß im Scheitel schloß sie. Die Seitennähte blieben zu zwei Schlitzen unten offen. Der konventionelle Ärmel konnte am Handgelenk durch ein eingezogenes Bändchen gekraust werden. Der Stoff war zweiseitig zu tragen – auf einer Seite regenimprägniert, so daß der »Kragen« immer die Gegenfarbe des Mantels hatte.

Seit den 60er Jahren wurden diese Versuche nach und nach zu dem verändert, was ich nunmehr fast 15 Jahre im wesentlichen unverändert trage. Diese Anzüge erschienen mir jedoch bald (auf Fütterung angewiesen, auf Maß gearbeitet) nicht genügend entwicklungsfähig. Wirklich waren die älteren Modelle revolutionär, wie ich nun rückblickend feststellen konnte.

Ohne bewußten Bezug auf diese begann ich neue Experimente, etwa seit dem Jahre 1980, deren Ergebnis die Reformkleidung war. Man kann also sagen, daß die Entwicklungen in Abständen von jeweils 15 Jahren gemacht worden sind.

Erste Zwischenstufe zum Reformanzug

Kragen, Knöpfe, Revers ab, das ist für den oberflächlichen Betrachter die ganze Änderung, die aus einem konventionellen den »Mao-Anzug« machte. Das »Innenleben« war jedoch das Wichtigere.

Die Entwürfe gingen von dem Gedanken aus, den Anzug zugleich als

»Behälter« für die Dinge zu benutzen, die man täglich braucht, damit selbst für kleine Reisen Taschen entbehrlich wurden. Diese Idee ist auch bei der späteren Entwicklung der Reformkleidung beibehalten worden.

Keinesfalls war ich darauf aus, eine Mode zu kreieren, und so war es eine ziemliche Enttäuschung, als Ende der 60er Jahre ein äußerlich ähnlicher *Nehru-Stil* (Gott sei Dank nur ganz kurz) propagiert wurde und zu gleicher Zeit *Ruben Torres* Kunststoffanzüge durchzusetzen versuchte, die z. T. meinem Schnitt entsprachen.

Jetzt, wo ich sie beschreiben muß, gewinnen die Einzelheiten – die jeweils für sich ganz belanglos, selbstverständlich für mich sind – eine große Wichtigkeit. Ich habe mich immer wieder gefragt, warum die Menschen nicht auch zu so simplen Lösungen gekommen sind oder weshalb sie meinen, diese nicht zu benötigen, und mich gewundert, daß schon solch geringe Änderung solches Aufsehen erregte. Vielleicht aber ist dies weniger auf die Form zurückzuführen gewesen, die ja kaum von der konventionellen verschieden ist, als dadurch, daß ich mich mit meiner Person damit so identifizierte, daß man mich mit der Kleidung gleichsetzte. Insofern wäre auch ein Mensch auffällig, der immer (wenn auch verschieden geschnittene) violette Kleider trägt.

Die Beschreibung von Kleidung beginnt in der Regel (warum?) bei

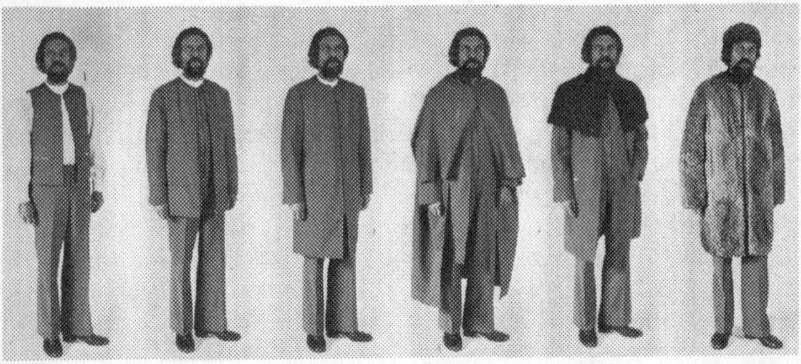

Foto 7 Foto 8 Foto 9 Foto 10 Foto 11 Foto 12

Foto 7: Erster Reformanzug. (Ende 60er Jahre.) Weste rückseitig gleicher Stoff. Foto 8: Erster Reformanzug. Jacke gefüttert (Paßform) mit Innentaschen. Foto 9: Erster Reformanzug. Mantel wie Jacke. Foto 10: Umhang, zugleich Plaid aus einem Stück. (Vgl. Zeichnungen 27/28, nur ist zusätzlich, von den Ecken der oberen kürzeren Seite ausgehend, ein teilbarer Reißverschluß angesetzt.) Foto 11: Pelerine, am Hals hochschließend, zum Autofahren. (Verhindert Abstrahlung an Schulter, Hals und Abschaben der Kleidung durch den Gurt.) Foto 12: Mantel wie Foto 9 aus Kanin.

der Jacke. Ich möchte aber bei der Hose anfangen, weil sie weniger Worte bedarf: es war die übliche. Sie erschien mir – abgesehen von ein paar zusätzlichen Taschen – nicht verbesserungsfähig damals.

Rückblickend bemerke ich allerdings, daß mein Schneider (den brauchte ich damals noch dazu) jede Hose etwas anders als die vorhergehende geschnitten hat, obwohl er doch meine (unveränderten) Maße hatte. Einmal war das Bein unten enger, dann wieder weiter. Mir wurde das zum ersten Mal bewußt, als ich im Fernen Osten meine Hose als Muster hinlegte, um den Nachfolger zu bekommen und der Chinese mich händeringend bat, ihm doch nicht zuzumuten, eine solche unmoderne Hose zu schneidern. Seine wurde dann am Hintern noch enger, an den Knöcheln weiter.

Da diese Änderungen »modebedingt« waren, brauchte ich nur die abgetragenen Anzüge, die seit mehr als 10 Jahren nichtweggeworfen im Schrank hingen, hervorzuholen, falls ich Anspruch darauf erhob, modisch gekleidet zu sein, 1982 mit unten engeren Hosen.

Bei der Jacke war es schon etwas anderes. Sie machte dem Schneider die meisten Schwierigkeiten, weil sie keine Toleranzen beim Zuschneiden, wie Kragen und Revers aufwies. Er hat dann auch beim ersten Mal tüchtig danebengeschnitten.

Eine besondere Schwierigkeit bestand für ihn in meiner Forderung, bestimmte Gegenstände in Taschen immer mit mir herumzutragen, ohne daß der »Sitz« beeinträchtigt wurde. Wenn er ja noch Toleranz gehabt hätte für die dicke Brieftasche! Aber da gab es vorne einen geraden Reißverschluß. Nun wurde das Problem durch entsprechende »Weite« gelöst (nicht aber das des Stoffstauchens auf der Vorderseite beim Sitzen mit geschlossenem Reißverschluß).

Ich glaube, es ist ganz hilfreich, ohne direkte Aufforderung zur Nachahmung, wenn ich kurz schildere, was ich alles so brauche und was in die Jacke eingebaut werden mußte:

Es gibt zwei innere Brusttaschen, die größer als üblich sind. In eine paßt mein Organisationskalender mit Brieftasche und anderem (bis zum Kleintaschenrechner) kombiniert. Die andere ist mit einer Längssteppung versehen, so daß hier Kleintonband (für schnelle Notizen) und Minox-Kamera unterzubringen sind (sie reicht für optische Notizen). Da der vordere Reißverschluß der Jacke beidseitig zu öffnen ist, kann man leicht an alle Gegenstände heran, auch die in den beiden unteren Taschen, die noch mehr Raum bieten. Hier kann man vom Mininecessaire bis zum Taschenbuch, der Wegwerfunterwäsche (ausnahmsweise für Reisen!), einem Netz, Papieren usw. alles unterbringen, was man benötigt.

Jede Tasche ist – auch als Diebstahlssicherung und damit nichts herausfallen kann – mit einem eigenen Reißverschluß oder Klett gesi-

Foto 13: Innenseite des ersten Reformanzugs. Von oben nach unten sind Weste, Jacke, Mantel aufeinandergelegt. Inhalt – Weste: Kleingeld, Tickets etc. Schlüssel. Jacke: Tonbandgerät, Minox mit Blitzzusatz, Skizzenbuch, Netz. Brieftasche mit Rechner, Kalender, Schreibzeug, Brille und zusätzl. Platz. Mantel: Filmkamera, Handschuhe, Hemd, Wegwerfunterwäsche, Toilettenutensilien minimiert in Kleinbehälter. Schirm und zusätzl. Platz. Akten, Bücher. Kommt noch der Umhang dazu, vergrößert sich das Behältervolumen entsprechend.

chert. Mit den beiden Außentaschen und den vier noch größeren Taschen auf der Innenseite des Mantels, die in gleicher Weise angeordnet sind, hat man einen ganz schönen Stauraum, der sogar zusammengelegte Hemden u. ä. aufnehmen kann. Man darf sich nur bei Flugabfertigungen nichts daraus machen, daß man etwas ungläubig und mißtrauisch angesehen wird, wenn man auf die Frage nach dem Gepäck: »Keines« antwortet. Einmal, in New York, hatte ich deshalb eine besonders unangenehme Kontrolle.

Die Weste (Rücken aus gleichem Stoff wie Vorderseite) kann im Sommer ohne Jacke getragen werden. Das Hemd entspricht mit seinem Stehbündchen dem »Großvaterhemd« mit gesondertem Kragen.

Mit diesen Anzügen bin ich seit mehr als zehn Jahren »frank und frei« in der Welt herumgekommen und habe mich in ihnen wohl gefühlt. Abgesehen von der späteren Vermeidung von Abnutzungsstellen (so bei »verdeckten« Reißverschlüssen) brauchte ich nichts mehr zu ändern.

Es handelte sich also bei diesem Anzug um einen individuell maßgeschneiderten. Mein Gedanke war, daß anstelle arbeitsaufwendiger Details (Revers) bessere Qualität ausgesucht werden könnte und deshalb mein Maßanzug billiger als Konfektion sein würde. Das hat sich in den ersten Jahren auch bewahrheitet, dann wurde er trotz des beim Schneidermeister vorhandenen Schnittes immer teurer, zuletzt um 1000 DM.

Das Ausweichen ins ferne, billigere Ausland war (auch ohne Berücksichtigung des wegen meiner Ehrlichkeit zu zahlenden Zolls) keine gangbare Möglichkeit für jeden; deshalb sann ich auf Änderungen. Somit haben die veränderten wirtschaftlichen Verhältnisse einen Neubeginn bewirkt, nicht mein Wunsch nach etwas Neuem. Ich glaube, hier wird ohne Erläuterungen erkennbar, wo meiner Auffassung nach der Unterschied zwischen Kleidung und Mode liegt.

Möglichkeiten der Reformkleidung; dargestellt an einem Modell

Das Hemd

Es gibt unzählige Möglichkeiten, sich selbst einfache Hemden oder Blusen herzustellen. Man geht dabei immer von der Bahnenbreite des Stoffes aus und vermeidet jeden Abfall. Das heißt in der Praxis, daß nicht irgendeine Vorstellung primär ist, sondern das Material. Eignet sich eine Bahnenbreite dann nicht, wird man nach anderem Material Ausschau halten. Dies ist eine der Wechselwirkungen zwischen den einzelnen Komponenten. In analoger Weise sind alle weiteren Schritte zu tun.

Das einfachste Hemd besteht aus je einer Bahn für die Vorder- und Rückseite, einseitig auf einer Schulter schließbar mit zwei gerade angesetzten Ärmeln. Damit habe ich etwa 1950 begonnen zu experimentieren. Der Halsausschnitt kann nach Belieben vorgenommen werden. Die Ärmel müssen weit sein, damit man hineinkommt (oder?). Man kann auch an den unteren Enden der Ärmel und der Brustteile evtl. sogar am Halsausschnitt Gummi durchziehen, so daß die Weite gekräuselt ist, die Seitennähte unten als Schlitze auflassen und sich andere Variationen einfallen lassen.

Ich gebe absichtlich keine Maße, damit ja niemand auf die Idee kommt, ohne es selbst auszuprobieren, einfach nachzuschneidern.

Der Nachteil dieses ersten Modelles war, daß man es vorn nicht öffnen kann. Dies ließe sich mit zwei vorn überlappenden Vorderteilen, die man evtl. mit Klettverschluß verschließt, verbessern.

Immer aber sollte man im Auge behalten, daß die einzelnen Teile gerade bleiben, damit das Hemd mangelbar bleibt und ohne zu zerknittern zusammengelegt werden kann. Das ergibt zudem einfache, gerade Nähte, die jeder bald nähen kann.

Noch einen Tip, damit der Einstieg nicht so schwierig wird: Beschäftigen Sie sich erst mal mit Ihrem Körper. Messen Sie, welche Ärmelweite

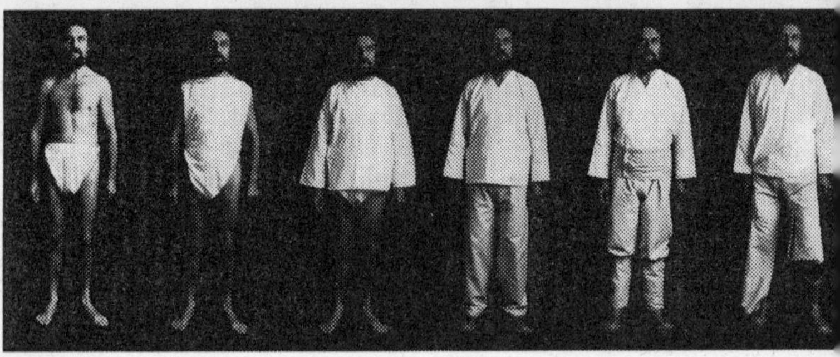

Foto 14 Foto 15 Foto 16 Foto 17 Foto 18 Foto 19

Foto 14: Unterhose aus gerader Stoffbahn. (»Bruch«). Foto 15: Unterhose und Unterhemd aus einer geraden Stoffbahn, die an jeweils 2 Stellen verbunden ist. (Hüllende, nicht »sitzende« Unterkleidung.) Foto 16: Hemd aus rechteckigem Rückenteil, zwei übereinanderschlagenden trapezförmigen Vorderteilen und geraden, rechtwinklig angesetzten Ärmeln mit Achselschlitz. (Vgl. Zeichnung 10.) Foto 17: Hose aus zwei Röhren, die in einem Punkt im Schritt verbunden sind und sich vorn und hinten überlappen. (Klett, auf jede Weite einstellbar.) Hosenbeine unten (innen) offen und mit Klett auf beliebige Weite zu schließen. (Vgl. Zeichnungen 22 bis 24.) Foto 18: Zusatzteile zur Hose: Gürtel, doppelt als Behälter, ersetzt als Nierenschutz die Weste. In den Gürtel kann man von oben (mit Klett verschließbar) Wertsachen einstecken. Gamaschen aus rechteckigen Stoffteilen mit seitlichen Klettstreifen; dienen bei Reparaturen als Flicken. Foto 19: Hose unten am Bein nicht verengt, bzw. zur Demonstration mit geöffnetem Schlitz. Dadurch ist sie auch in Form von Bermudas hochzuklappen oder aufzukrempeln. Foto 20: Jacke aus drei rechteckigen Teilen. Die vorderen sind doppelt. Es ergeben sich von der Seite zugängliche, mit Klett verschlossene Taschen je nach Durchnähung der Vorderteile. Die offene Jacke in Westenform gewährleistet, daß auch im Sommer alle wichtigen Gegenstände mitgetragen werden können. (Vgl. Zeichnung 25.) Foto 21: Jacke mit eingekletteten Ärmeln. Diese sind rechtwinklig begrenzte Röhren mit Achselschlitz. (Notwendig zur freien Beweglichkeit des Armes unter Verzicht auf unbequeme Paßformen.) Foto 22: Jacke mit eingeklettetem Latz, der doppelt als Behälter für größere Gegenstände dient. Wird es kalt, kann man sich auch eine Zeitung hineinschieben. Der Latz ist so dimensioniert, daß alle vorstehend beschriebenen Teile in ihn hineinpassen. Foto 23: Umhang mit nach innen umgeschlagenem Kragen-Kapuzenteil (vgl. Zeichnung 26). Die beiden eingezogenen »Gürtel« gewährleisten Anpassung an Hals- bzw. Gürtelpartie und sind selbst wieder Behälter wie bei Foto 18 beschrieben. Foto 24: Umhang mit nach außen umgelegtem Kragen-Kapuzenteil und ähnlich wie bei der Jacke (vgl. Foto 22) eingekletteten Latz, der wiederum alle Teile als Behälter aufnehmen kann. Dieser Mantel aus doppeltem Tuch ist so abgesteppt, daß sich Behältertaschen ergeben. Er kann mit einer Schlaufe auch nur als Behälter über der Schulter getragen werden. Die Variationsfähigkeit im Drapieren ist nicht vollständig dargestellt. Foto 25: Umhang mit übergeworfener Kapuze und in Art eines Radfahrerumhangs zusammengekletteten Hosenbeinen. Foto 26: Umhang als Schlafsack. Die Taschen können für die Wärmedämmung mit Zeitungspapier ausgestopft werden.

Foto 20 Foto 21 Foto 22 Foto 23 Foto 24 Foto 25

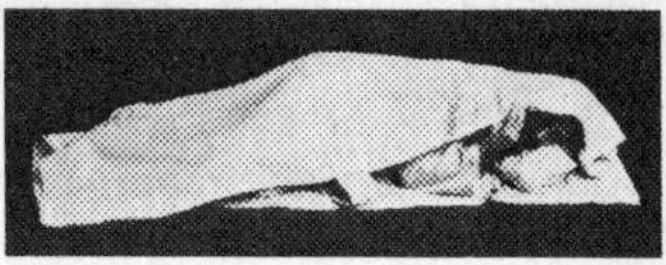

Foto 26

Sie brauchen, welche Brustbreite und machen Sie sich (unter Zugabe der Nähte) eine maßstäbliche Flächenaufteilung. Und fangen Sie mit einfachen Nähten an: Die beiden zu verbindenden Stoffteile nach dem Kochen (um späteres Einlaufen zu vermeiden; kann bei einfachen Stoffen erheblich sein!) jeweils etwa 7mm umlegen, Kniff bügeln (Stoff etwas anfeuchten, dann geht's besser), ineinanderschieben und heften, zweimal herunternähen. Endet eine solche Naht in einem Schlitz, so wird jeder Rand für sich zweimal umgelegt und mit einer Naht in je einem Arbeitsgang genäht und zugleich »versäubert«. Schneiderinnen machen's anders, aber wir wollen ja logische, nachvollziehbare Schritte machen, die uns mühsame Folgearbeiten ersparen und die Korrekturen ohne großen Aufwand zulassen. Wir schneidern nicht, sondern wir probieren. (vgl. *Zeichnung 12*)

Übrigens: Man braucht ja nicht unbedingt Hemdenstoff zu nehmen. Selbst eine einfache Jacke kann so gemacht werden.

Damit genug der Tips fürs Hemd. Ich selbst habe – bei Beachtung der aufgestellten Forderungen – aus bestimmten Gründen, die im Zusammenpassen der einzelnen Teile des ganzen Anzugs liegen, das Modell mit schräg überlappenden Vorderteilen weiterverfolgt.

Um keinen weiten Ärmel zu benötigen (wird für den »Einstieg« gebraucht), habe ich die Seitennähte unter der Achsel und die untere Längsnaht der Ärmel ein paar Zentimeter offen gelassen, das gab zugleich eine gute Lüftung. Auf diese Lösung war ich sehr stolz, bis ich sie bei der israelischen Armeebluse fand; die hatte sie wohl von der arabischen Galabiya. Auch sonst kann man in Museen gelegentlich Kleidungsstücke finden, die diese (alte) Idee haben, so im Völkerkundemuseum in Wien.

Die beiden Vorderteile kann man mit Klett (anpaßbar) oder einem mangelfähigen Druckknopf schließen oder auch nur in die Hose stecken.

Ich habe die unteren Nähte der Ärmel und des Rumpfteiles so ausgebildet, daß man auch ein Band durchziehen kann, wenn man das einmal will.

Die Hose

Fallen Ihnen die Unterschiede zwischen dem ersten umfassenden Versuch und dem jetzigen auf? Ich begann hier mit dem Hemd; das heißt, die Reform nähert sich dem Körper. Da aber auch hier die Hose sehr einfach, wenn auch ein bißchen ungewöhnlich ist, will ich mit ihr fortfahren, obwohl die Jacke jetzt eigentlich dran wäre. Jacke? Wir werden sehen.

Die Hose besteht aus zwei Röhren, deren Nähte jeweils innen liegen. Diese beiden Röhren (weit genug machen!) werden im Schritt an nur einer Stelle zusammengenäht, die offenen oberen Teile der Röhren vorn und hinten übereinandergeschlagen und mit Klett oder anders befestigt. Paßt sich jeder Weite an, soweit nur die Hosenbeinröhren weit genug

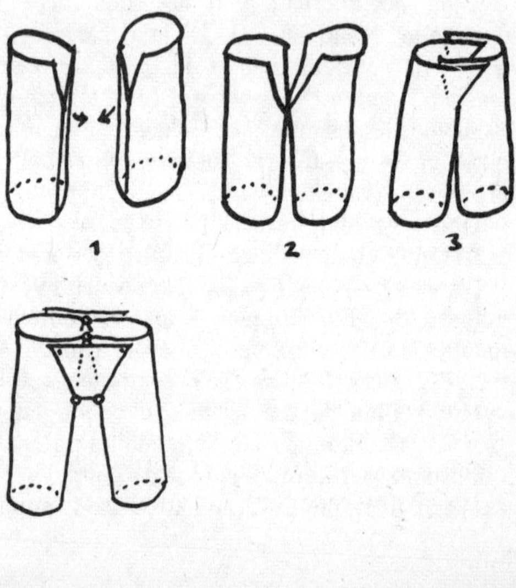

Zeichnung 22: Die Hose: 1 = zwei Röhren werden (2) an einem Punkt zusammengenäht und (3) oben überlappt. Nachvollziehbare Arbeitsgänge. Anregung zur Weiterbeschäftigung mit dem Thema Hose. Der Latz geht wie ein Schurz durch. Die Leggins (= Röhren) sind oben verbunden und können deshalb enger sein. Die untere doppelte Verbindung Latz – Leggins ergibt die gewünschte Weite. Latz ist auch innen möglich.

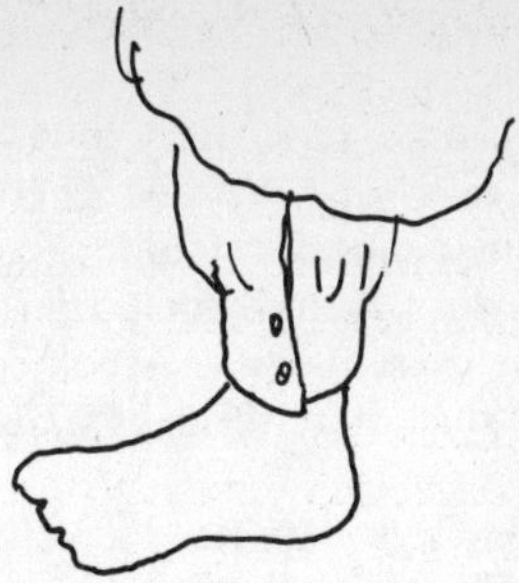

Zeichnung 23: Anstelle von Gamaschen: Knöpfe an der arabischen Männerhose (unter Galabiya getragen). Material Baumwolle wie Unterhosenstoff (Israel 1981).

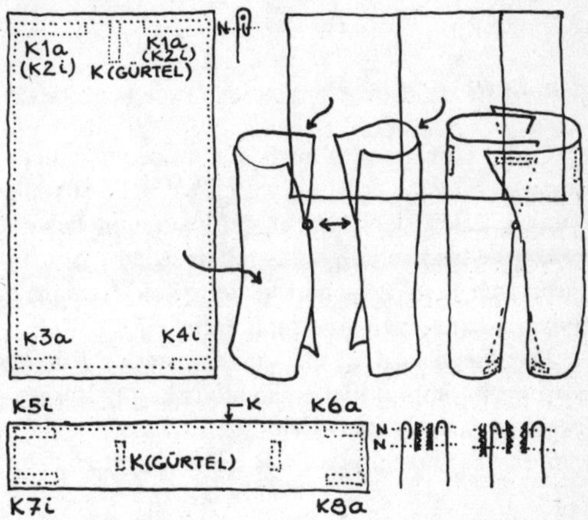

Zeichnung 24: Anfertigungsskizze für eine Hose aus zwei in einem Punkt zusammengefügten Röhren.

sind. Bei engeren muß man einen Zwickel einsetzen – man kann das gut ausprobieren, denn die Teile können für sich vorbereitet werden –, das Anpassen wird dann beim Anziehen nachgeholt. Wen's nicht stört: Das einfache Mittel, Bewegungsfreiheit zu schaffen, ist, die Nähte im Schritt etwas offen zu lassen – wie beim Hemd unter der Achsel. Man hat also sozusagen vorn und hinten einen Hosenlatz, d. h. man könnte sich sogar aufs Klo setzen, ohne die ganze Hose auszuziehen.

Analog zur Entwicklung von Zusatzteilen bei der Jacke (im nächsten Kapitel) kann man Gamaschen, aus einem viereckigen Stück Stoff zusammengeklettet, machen; für schlechtes Wetter besser als weite Hosenbeine.

Mit einem breiten Gürtel = Behälter kann zusätzlicher »Stauraum« geschaffen werden. Er dient zugleich als eine Art Nierenschützer. Es ist empfehlenswert, ihn an der Hose zu befestigen (seitlicher Klettstreifen). Die frühere Weste ist dann entbehrlich.

Ich glaube, es ist jetzt an der Zeit, zu sagen, daß dieses Modell dazu dient, möglichst viele Möglichkeiten zuzulassen und ausprobieren zu können. Keinesfalls sollte Kleidung alle diese Details enthalten, sie würde dann viel zu kompliziert. Deshalb habe ich unter Beschränkung auf die wesentlichen Aspekte einen Anzug entwickelt, der nur die wichtigsten dieser Eigenschaften aufweist. Ich werde ihn später vorstellen.

Beim Herstellen der Hose wird einem ganz besonders die Erfüllung einer erhobenen Forderung klar: nachvollziehbar in einzelnen Arbeitsgängen zu arbeiten.

Die Jacke

Wie die Hose, sollte auch die Jacke aus einem Material bestehen, das nicht gebügelt wird und waschbar ist. (Anstelle der chemischen Reinigung.) Auch sie ist nicht gefüttert und besteht aus geraden Stücken. (Könnte also evtl. gemangelt werden.) Solche geraden Stücke lassen sich nach dem Waschen im feuchten Zustand gut aufhängen, ohne die Form zu verlieren und glattstreichen.

Die Jacke besteht aus einem geraden Rückenteil und zwei schmalen vorderen Seitenteilen, die aber doppelt sind. Durch Absteppungen ergeben sich dann beliebig viele Taschen, die am einfachsten von der Seite her (verschlossen mit Klett) zugänglich sind.

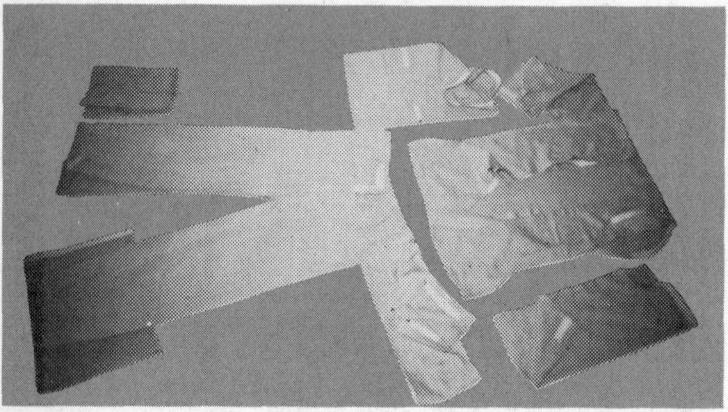

Foto 27: Hosen- und Jackenteile zur Demonstration ausgelegt.

Da diese beiden Streifen nicht die ganze Brust bedecken, kann – falls die Witterung dies verlangt – ein vorderes Teil zusätzlich eingeklettet werden; es ist doppelt und dient zur Aufnahme größerer Formate (Papiere u. ä.). Für sich allein kann es als Beutel verwendet werden.

Die Ärmel (geschnitten wie das Hemd) können nach Bedarf ein- oder ausgeklettet werden. Man kann sich also sehr leicht auf geänderte

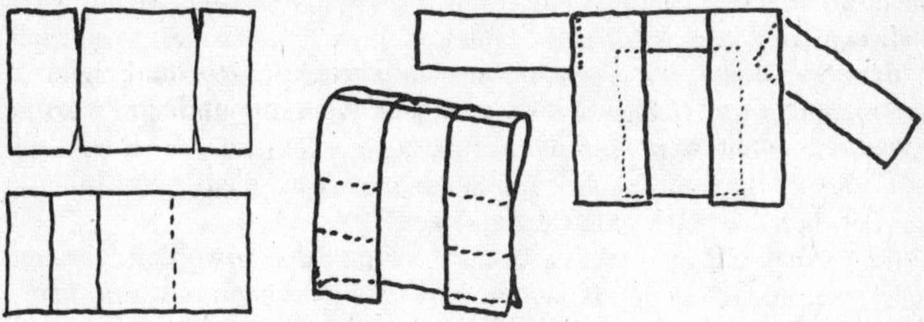

Zeichnung 25: Die Jacke: Oben Rücken und Seitenteile, unten Ärmel und Latz. Die Isometrie zeigt schematisch das Zusammenheften und Abnähen der Taschen (dafür doppelte Teile!), die Ansicht zwei Möglichkeiten der Klettung.

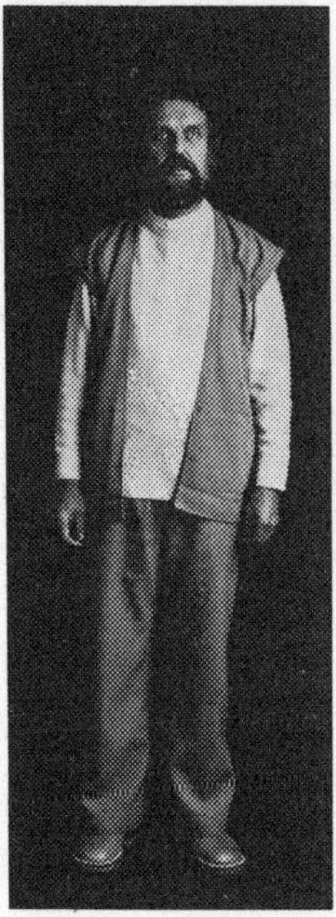

Foto 28 (links): Anzug für den täglichen Gebrauch. Vereinfachtes Modell nach Foto 20. Foto 29 (rechts): Anzug (Foto 27) mit eingesetztem Latz. Der Achselschlitz ist deutlich zu erkennen.

Witterung einstellen und vielfach variieren. Ist ein Ärmel defekt, braucht man nur ihn auszuwechseln oder andere Teile der Jacke (so den vorderen doppelten »Latz« dazu verwenden).

Die Kafiren des Hindukusch banden ein Ziegenfell als Schutz auf den Rücken – nur in der kalten Jahreszeit versahen sie es mit Ärmeln.

Der Umhang

Ich vermeide den Ausdruck Mantel, weil es sich bei diesem gänzlich aufgedoppelten Stück Tuch um ein Vielzweckkleidungsstück handelt. Man kann es als Umhang auf verschiedene Weise mit und ohne Kapuze verwenden, eine Art Hosenanzug daraus machen, die »Taschen« mit Zeitungen füllen und es als wärmenden Schlafsack in einer Notsituation gebrauchen oder sich einfach drauflegen...

Die Zeichnung zu diesem Stück ist so kompliziert geworden (obschon alles sehr einfach beim Herstellen war), daß ich sie gut mitteilen kann, ohne fürchten zu müssen, es einfach nachgemacht zu sehen.

Ich habe ja keine Angst, etwas zu verlieren, was man Unikat nennt; das wäre mir ganz egal. Wenn jemand auf dieselbe Lösung kommt, würde ich mich sehr freuen; aber er müßte schon selbst drauf gekommen sein, es müßte seine Entwicklung sein. Dies ist mir wichtiger als das Ergebnis!

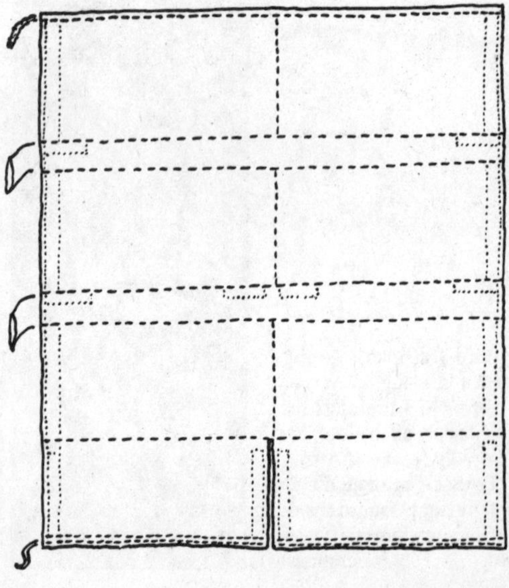

Zeichnung 26: Umhang aus doppeltem Tuch mit eingezogenen Gürteln. Gestrichelte Nähte = Durchnähen beider Teile, gepunktete = nur außen oder innen (meist für Klettverschlüsse). Die beiden Gürtel sind doppelt (Zusatzbehälter).

Von diesem Umhang, in den so ziemlich alles hineingepackt wurde, was mir eingefallen ist, sind dann verschiedene Modelle abgeleitet, die ich später kurz beschreiben will. (vgl. F 29–F 32)

Zuvor aber noch die Arbeitsgänge zur Herstellung dieses »Mantelsacks« (früher gebräuchliches Wort):

1. 3,80 m Stoff, Bahnbreite 1,60 m abschneiden, die Hälfte anzeichnen.
2. Die Webkanten nach innen umsteppen.
3. Klettband innen (für den Verschluß der seitlichen »Taschen«) befestigen, von der Mitte beginnen nach beiden Seiten.
4. Mitte absteppen.
5. Klettstücke außen befestigen (Vorder- bzw. Rückseite, gelegentlich auch beidseitig).
6. Angegebene Nähte absteppen bis zum Schlitz.
7. Schlitz in der Mitte auf beiden Seiten einschneiden.
8. Schlitzkanten nach innen umsteppen.
9. Kanten mit Klettband versäubern.
10. Schlitzecke abkleben, mit Läppchen versäubern oder Viereck aufsteppen.
11. Beide Lappen in angegebener Breite quer absteppen.
12. Kleine Kletteile am Saum innen und außen befestigen.
13. Saum doppelt gegeneinanderschlagen und absteppen.
14. Zusatzteile herstellen wie Gürtel und mit entsprechenden Klettverschlüssen versehen. (Benötigte Klettmenge ca. 5,30 m.)

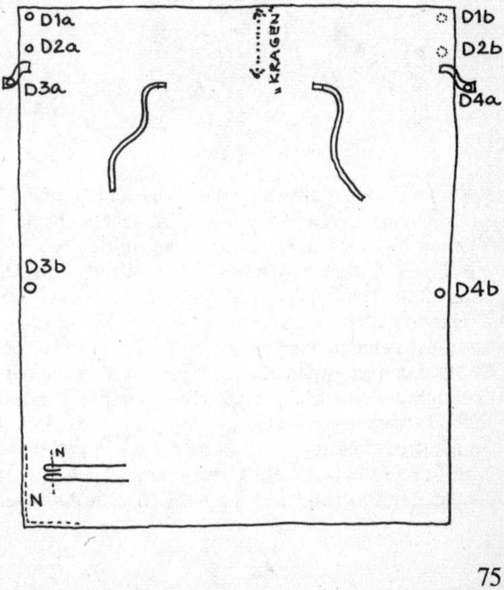

Zeichnung 27: Detailangaben zum Umhang aus einem geraden Stück (Innenansicht).

Zeichnung 28: Umhang, aus einem geraden Stück Tuch bestehend. Halb geöffnet. Zum engeren Schließen wird D 3b und D 4b verbunden (vgl. Zeichnung 27). (Nur mit überbreiten Stoffbahnen möglich.) Je höher der »Stehkragen« übersteht, desto mehr schließt sich der Umhang vorn zusammen.

Foto 30 Foto 31 Foto 32 Foto 33

Foto 30: Umhang mit Doppelkragen, der mit einem Reißverschluß im Scheitel zu einer Kapuze gemacht werden kann (50er Jahre). Aus den Seitenschlitzen zwei Handschuhärmel in Art eines zweigeteilten Muffs mit vorderen Reißverschlüssen. Diese Ärmel sind innen lösbar befestigt. In der Mütze kann ein Regenumhang nach Zeichnung 35 mitgeführt werden. Foto 31: Umhang entsprechend Zeichnung 27 und 28, außen Mohair, innen Popeline, wasserabweisend. Der Umhang kann in Gürtelhöhe mit zwei Druckknöpfen geschlossen werden. Je weiter der nach innen eingeschlagene »Kragen« nach oben über den Halsansatz übersteht, desto dichter wird der Umhang automatisch an der Vorderseite zusammengezogen! Foto 32: Umhang mit glockenförmigem Zuschnitt (50er Jahre). Ein Vorläufer von Foto 29, dazu ungefütterter Anzug aus schwerer Seide nach Foto 4. Foto 33: Badeumhang, zugleich Badetuch, rechteckig mit eingezogenem Band in Halshöhe und vorderem zweiseitigem Reißverschluß.

Weitere Anregungen zur Reformbekleidung

Fuß-Bekleidung

Die Schuhmode gehorcht gar keinen anderen Gesetzen als die Kleidermode. Lassen wir das DSI sprechen (Mai 81):

»50 Modelinien hat das Deutsche Schuhinstitut (DSI) bisher in über tausend Präsentationen über die Mode am Fuß kreiert und damit der deutschen Schuhbranche nach Kriegsende zu festem Tritt verholfen.

Seit einem Vierteljahrhundert wird in Frankfurt das aktuelle Styling in Leder, Leinen oder Kunststoff rechtzeitig vor dem jeweiligen Saisonauftakt aus der Taufe gehoben... Das Institut besteht seit 1956 und wird von der gesamten Branche Schuh mit Industrie, Einzel- und Großhandel sowie der Vertreterschaft getragen.

Das zehnköpfige Team des Deutschen Schuhinstituts ist nicht nur in Sachen Mode tätig. Auf dem Sektor der Verbrauchervertretung, etwa auf der Durchsetzung des Weitemaß-Systems (WMS) für Kinderschuhe, bei der Empfehlung für Sicherheitsschutz für Bau- und Stahlarbeiter oder Komfort-Modellen für Senioren und Wanderfreudige befindet sich das DSI ständig auf dem Vormarsch.

Die inländische Schuhbranche muß viel Energie und Fingerspitzengefühl aufbringen: Bei einem Anteil der Importmodelle in bundesdeutschen Schuhsalons von fast siebzig Prozent, dem nur schwer beizukommenden Chic italienischer Schuhhäuser sowie ständig nach oben ausgerichteten Lederpreisen gilt der gesamte Wirtschaftsbereich als krisenanfällig. Schon deshalb führt die Marschroute konsequent und umsatzorientiert über den Umweg kurzlebige Mode für Männer-, Frauen- und Kinderfüße.

Mit einem jährlichen Durchschnittsverbrauch von 4,6 Paar Schuhen pro Bundesbürger rechnet sich die Branche samt ihrem Institut dabei gute Chancen für die deutschen Leisten aus.«

Klar und eindeutig. Die Ironie ist unbeabsichtigt und nicht von mir. So sieht das dann ein Jahr später im redaktionellen Teil einer Tageszeitung aus:

»Musketier- und Piratenstiefel sollen Mode-Knüller der Wintersaison 1982/83 werden. Der Trend zu Romantikstiefeln mit goldgeränderten Stulpen und Schaftornamenten, die an Bischofswappen und Wamsstickereien venezianischer Edelleute erinnern, wird sich international durchsetzen, meinen die Designer und Modelleure der 23. Pirmasenser Lederwoche International.

Wem ganze Stiefel zu kostspielig sind, der kann auf halbhohe ›Robin Hoods‹ im gleichen Edellook zurückgreifen. Hauptattribute der neuen Langschäfter und Hosenschuhe: Nur noch ein Hauch Gold in Form von zierlichen Steppnähten, dafür metallisch schimmernde Leder, die vom flammenden Rot bis zum leuchtenden Zypressengrün reichen. Für den Abend prophezeien die Stilisten ein zum Teil vergoldetes Stöckel-Comeback, ansonsten flach wie gehabt.

Was Männer außerhalb der Bürozeit tragen, soll funktionell und so maskulin wie möglich sein: Derbe Schlupfstiefel mit Pelzkragen, abgewandelte Boxer- und Bergsteigerschuhe mit markanten Profil- oder Sägezahnsohlen, aber auch Halbschuhe mit der früher verpönten Staublasche sind im Kommen. Letzter Schrei für ›ganze Kerls‹: der bis zum Knöchel geschnürte Pionierstiefel à la ›Quäker‹.«

Nun wissen wir, auf welchem Fuße wir zu leben haben.

Ähnliche Entwicklungen wie die Kleidung überhaupt machte auch die Bekleidung des Fußes durch. Überraschend ist jedoch, daß bei der Wichtigkeit »passender« – wir sagten bisher in ähnlichen Zusammenhängen »vernünftiger« – Schuhe die Form bis in unsere Zeit höher bewertet wird als die Funktion.

Vergegenwärtigen wir uns einmal das Hin und Her vom spitzen zum runden, vom flachen zum hochhackigen, vom weichen zum harten Schuh, so könnte man meinen, daß es kaum darauf ankommt, in den Schuhen gehen zu müssen. Und wirklich: Es gibt schon Extremfälle, in denen man in Schuhen nicht mehr laufen kann, nämlich in Skischuhen.

Aber wir brauchen gar nicht die außerordentlichen Fälle zu betrachten. Der Form und Mode und dem Kommerz, wie dem Konsum unterworfen, kommen immer wieder »Neuheiten« auf den Markt, die manchmal halsbrecherische Unvernünftigkeiten sind, wie die sog. »Clogs«. Hier ist mit einer Mischung aus Nostalgie und Alternative und Freizeit und Schickeria Körperverletzung beabsichtigt, gegen die Unfallverhütungsgenossenschaften einschreiten müßten.

Eine Folge weiterer anderer Unvernunft sind die Fußpilzkolonien bei den ständig getragenen Tennisschuhen oder Gummistiefeln. Allein durch die Fußsohlen werden in 24 Stunden etwa 250 cm^3 Schweiß ausgeschieden! 85 % der Bevölkerung sogenannter zivilisierter Nationen sollen unter Fußerkrankungen leiden.

Es gibt nur wenige Ansätze für wirklich vernünftige Fußbekleidung. Aber auch bei ihnen scheint das Formale das wichtigste Problem zu sein.

Einen ganz einfachen Maßstab für die Vernünftigkeit von Fußbekleidung erhält man, wenn man einen bekleideten gegen einen unbekleideten Fuß stellt und allein den Umriß der Fuß- und Schuhform miteinander vergleicht.

Wer diese Untersuchung weitertreiben will, mag auch noch die Seitenansicht betrachten. Am abenteuerlichsten stolzieren jedoch unsere Damen durch die Welt. Bei manchen hat die Unvernunft des Schuh-

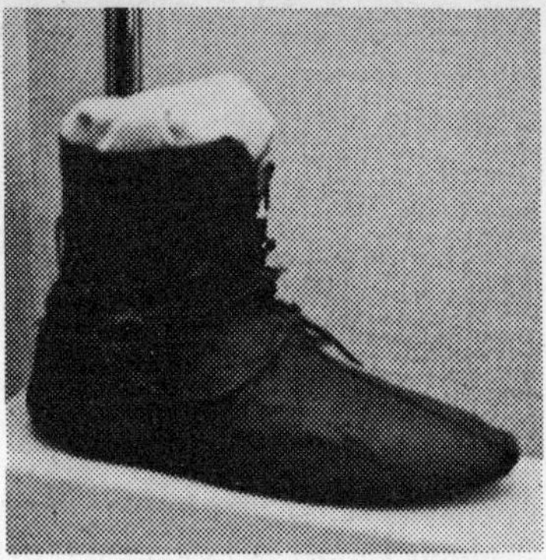

Foto 34: Wikingerschuh (Oseberg-Mus. Oslo, 800 n. Chr.).

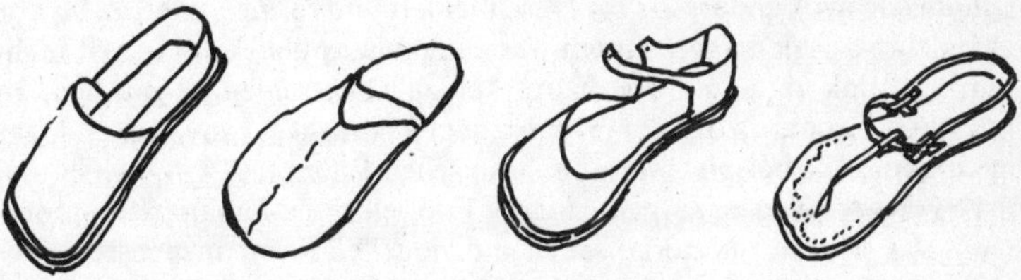

Zeichnung 29: Einfache Schuhe (von links nach rechts). Patschen (Nordhessen), aus Tuchlagen gesteppte Sohle. Arabischer Schuh aus dünnem Leder. Die Hinterkappe wird immer heruntergetreten. Dänische Sandale, gute Form. Zehen und Ferse geschützt. Freizeitsandale, schlechter Halt. Kein Schutz des Fußes. Unfallgefahr durch Zurückklappen des vorderen Teils der Sohle.

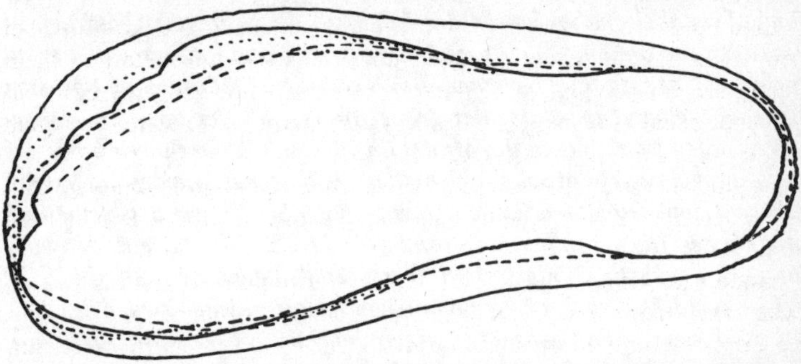

Zeichnung 30: Fuß und Schuh: Schematischer Vergleich mit einigen üblichen Schuhmodellen (Umrißlinie). Innere ausgezogene Linie = nackter Fuß, äußere ausgezogene Linie = Gesundheitssandale, gestrichelt = spitzer Modeschuh, strichpunktiert = normaler Gebrauchsschuh, gepunktet = Bergschuh.

zeugs bereits zu einer Degeneration der Wirbelsäule geführt, die wiederum positiv formuliert eine wünschenswerte Gangart, den sog. Mannequingang, zur Folge hat, einer S-Linie, bei der durch die hohen Absätze und das stets auszubalancierende Gewicht auf zwei winzigen Punkten ein wiegendes Vorschieben der Hüften charakteristisch ist.

Immerhin erleichtert uns der Blick auf die Absätze die schnelle Feststellung, wes Geistes Kind die entsprechende Frau ist. Beachtenswert ist, daß auch bei sonst völlig gleichen Schuhformen (z.B. Stiefeln) bei Frauenschuhen meist etwas höhere Absätze verwendet werden.

Die Hartnäckigkeit, mit der Frauen im Gespräch über Hochhackigkeit ihren »alten Stiefel« verteidigen, könnte den Eindruck entstehen lassen, als sei dieser Unsinn eben historisch überkommen und keiner Änderung wert. Aber das ist durchaus nicht so. Gerade in den Zeiten, wo die Menschen noch viel mehr »auf den Beinen« waren, war ihr Schuhzeug alles andere als maßgeschneidert und formgeprägt, ja bis vor gar nicht so vielen Jahrzehnten war es durchaus üblich, zwischen rechtem und linkem Schuh überhaupt keinen Unterschied zu machen. In manchen Ländern, die der Tourist heute besuchen kann, ist es sogar noch heute so, beispielsweise im arabischen Raum.

Bei dieser Art der Vorgabe hat der Fuß selbst die Funktion übernommen, das (weiche) Material seiner individuellen Form anzupassen.

Es ist sehr amüsant und aufschlußreich, zu lesen, was Adolf Loos zur Mode der Fußbekleidung (7. 8. 1898) geschrieben hat:

»Er (der Schuster) macht es daher, wie es alle übrigen Gewerbe tun. Er hält sich an die Fußform derjenigen, die zeitweilig die soziale Herrschaft inne haben. Im Mittelalter herrschten die Ritter, die Reiter, Leute, die durch das häufige Sitzen auf dem Pferde kleinere Füße als das Fußvolk besaßen. Daher war der kleine Fuß modern, und durch eine Verlängerung (Schnabelschuhe) wurde der Eindruck der Schmalheit, auf den es vorzugsweise ankam, noch verstärkt. Als aber das Rittertum in Verfall geriet, als der zu Fuß gehende Bürger in den Städten zum höchsten Ansehen gelangte, da kam der große, breite Fuß des langsam einherschreitenden Patriziers in die Mode. Im 17. und 18. Jahrhundert hat das stark ausgeprägte höfische Leben das Zufußgehen wieder in Verfall gebracht, und durch den starken Gebrauch der Sänfte kam der kleine Fuß (der kleine Schuh) mit hohem Absatz (Hacken) zur Herrschaft, der wohl für Park und Schloß, nicht aber für die Straße taugte.

Das Wiederaufleben der germanischen Kultur brachte wieder das Reiten zu Ehren. Alles, was im vorigen Jahrhundert modern fühlte und dachte, trug den englischen Reitschuh, den Stiefel, auch wenn man kein Pferd besaß. Der Reitstiefel war das Symbol des freien Menschen, der nun endlich die Schnallenschuhwirtschaft, die Hofluft, das gleißende Parkett überwunden hatte. Wohl blieb der Fuß klein, doch der hohe Hacken, den der Reiter nicht brauchen kann, blieb weg. Das ganze darauffolgende Jahrhundert, also das unserige, war daher von dem Bestreben erfüllt, einen möglichst kleinen Fuß zu besitzen.

Aber schon im Laufe dieses Jahrhunderts begann der menschliche Fuß eine Wandlung durchzumachen. Unsere sozialen Verhältnisse haben es mit sich gebracht, daß wir auch von Jahr zu Jahr schneller gehen. Zeit ersparen, heißt Geld ersparen. Auch die vornehmsten Kreise, also Leute, die genügend Zeit hatten, wurden mitgerissen und beschleunigten ihr Tempo. Ist doch heutzutage einem rüstigen Fußgänger eine Gangart selbstverständlich, die im vorigen Jahrhundert die Läufer vor den Wagen gebrauchten. So langsam zu schreiten, als sich die Leute in früheren Zeiten fortbewegten, wäre uns heute unmöglich. Dazu sind wir zu nervös. Noch im 18. Jahrhundert marschierten die Soldaten in einem Tempo, das uns wie ein abwechselndes Stehen auf einem Fuß erscheinen und uns sehr ermüden würde. Die Zunahme der Gehschnelligkeit wird wohl am besten von der Tatsache illustriert, daß das Heer Friedrichs des Großen in der Minute 70 Schritte machte, ein modernes Heer aber 120 Schritte macht. (Unser Exerzierreglement schreibt 115 bis 117 Schritte in der Minute vor. Dieses Tempo kann aber gegenwärtig nur mit Mühe eingehalten werden, da die Soldaten von selbst zu größerer Schnelligkeit drängen. Diesem Zuge der Zeit wird auch eine Neuauflage des Reglements – sicherlich nicht zum Schaden der Schlagfertigkeit der Armee – Rechnung tragen müssen.) Man kann demnach ausrechnen, wieviel Schritte unsere Soldaten und somit alle Menschen, die schnell vorwärts kommen wollen, in hundert Jahren in der Minute marschieren werden.

Völker mit höher entwickelter Kultur gehen rascher als solche, die noch zurückgeblieben sind, die Amerikaner schneller als die Italiener. Kommt man nach New York, so hat man immer das Gefühl, als ob es irgendwo ein Unglück gegeben hätte. Auch der Wiener aus dem vorigen Jahrhundert würde heute in der Kärntnerstraße den Eindruck erhalten, daß etwas passiert sei.«

Daß etwas mit unserer Fußbekleidung nicht stimmen kann, zeigt allein der Preisunterschied zwischen im Prinzip gleichen handgefertigten und industriehergestellten Schuhen. Die Relation ist hier etwa eins zu zehn! Wenn wir also »vernünftige« Fußbekleidung wollen, so müssen wir auf zwiegenähte, über den Rahmen geschlagene, nie passende Allgemeinschuhe verzichten und nach anderen Wegen der Schuhfertigung suchen.

Wir selbst zeichnen uns den Weg vor, wenn wir müde aus unseren Repräsentativ-Fußkleidern erleichtert aufseufzend in die Pantoffeln schlüpfen. Der Schuh ist das wichtigste Kleidungsstück. An keinem anderen sind die Torheiten der Mode besser abzulesen; an keinem wird so klar, daß man nicht *»alles über einen Leisten schlagen«* kann. Der Fuß bedarf am ehesten des Maßanzuges.

Es ist ziemlich schwer, herauszufinden, welche Form Fuß und Körper am wohlsten bekommt. Das liegt nicht daran, daß man etwa zu wenig über die Abhängigkeit von Fußbekleidung und Krankheit weiß, sondern daß es nahezu unmöglich ist, individuell herauszufinden, wieweit ein Mensch schon degeneriert ist. Verformt durch Schuhe sind wir nämlich alle in Nordeuropa incl. USA, nur im unterschiedlichen Maße.

Jeder kann das leicht am eigenen Körper (meist am Rückgrat) spüren, wenn er im Urlaub einmal lange barfuß läuft, die sicherlich »natürlichste« Fußbekleidung.

Meine eigene Erfahrung ist, daß ich auch in flachen Sportschuhen nicht lange ohne Ermüdung laufen kann, sondern mich am wohlsten mit einem schon verhältnismäßig hohen Absatz fühle, wie er an Bergschuhen zu finden ist.

Das Ideal kann bei Erwachsenen nur allmählich – wenn überhaupt – wieder erreicht werden. Bei Kindern und Heranwachsenden sollte man von Anfang an jede Schuhmodetorheit vermeiden.

Ideal sind alle (weichen) Schuhe, die den Fuß zwar umschließen, ihn stützen, aber sich doch der individuellen Form anpassen und atmungsaktiv und leicht sind. Der indianische Mokassin, der im Prinzip auch von den Germanen getragen wurde, ist ein idealer Ausgangspunkt für eigene Überlegungen.

Sehen wir uns doch einmal unsere Füße (beide sind nicht gleich!) an. Sie weisen eine ganz unregelmäßige Umrißlinie auf. (Auf ein Blatt Papier stellen und abzeichnen.)

Übliche Schuhe beengen den Ballen und pressen die kleinen Zehen zusammen (dafür haben sie oft mehr Platz im Bereich der Zehen, die dem großen benachbart sind. Es wird ganz offen sichtbar, daß eine formale Vorstellung, die des vorn kantigen Schuhs, den Unsinn hervorruft. Dieses kritische Wort ist für alle spitzen Schuhe, wie die Zeichnung zeigt, noch eine Schmeichelei.

Erstaunlich, daß auch Sportschuhe (wie Bergschuhe) nicht der Form des Fußes entsprechen. Das können sie auch gar nicht, da man bei der Massenfabrikation ja immer von Standards ausgehen muß. Eine Maßanfertigung würde mehr als 1000 DM kosten.

Sogenannte Gesundheitssandalen versuchen, das Problem mit übermäßiger Toleranz zu lösen. Aber auch sie sind – trotz unbestrittener sonstiger Vorzüge – nicht optimal. Der Fuß hat zu wenig Halt, man kann schlecht in ihnen gehen (sog. »Latschengang«).

Aus diesen Gründen habe ich selbst einmal an einem Modell ausprobiert, wie man einfache, sinnvolle Fußbekleidung, die dem individuellen Fuß entspricht, schnell, billig, selbst in nachvollziehbaren Arbeitsprozessen herstellen (und reparieren) kann.

Man geht dabei zuerst von einem Modell aus kräftiger, aber weicher

Zeichnung 31: Der Fuß paßt sich dem Schuh an: Schnürsandale der Jakuten/Sibirien (Nat. Mus. Kopenhagen). Mokassin der Naskapi-Indianer/ Labrador (Nat. Mus. Kopenhagen).

Pappe aus, die möglichst dem Material Leder entspricht. So kann man zu Hause das Modell »einlaufen« und Änderungen und Verbesserungen vornehmen.

Nachdem die Umrißlinie nachgezeichnet ist, kann man, immer von der Mitte jeder Rundung ausgehend, die Winkelhalbierenden einschneiden, ohne darauf zu achten, wie diese den Rand des Vierecks treffen. Dann klappt man die Zipfel in der Reihenfolge der Numerierung hoch; evtl. muß man einige Zipfel noch korrigieren. Die mittleren Zipfel werden so nach innen geklappt, daß sie eine »Einlegsohle« bedecken. Dann kann man die oberen Zipfel an nur zwei Stellen verbinden und das Pappmodell als Zuschnitthilfe für den Ledermokassin verwenden, der zusätzlich eine untere Laufsohle erhält.

Die Methode des Anpassens am individuellen Fuß wurde in früheren Zeiten in Nordhessen bei den sog. »Patschen« angewendet, Sohlenlagen, die aus Abfallstoff zusammengesteppt waren und sich wunderbar anpaßten. (In Nostalgieläden kann man so etwas in Wien – standardisiert – kaufen.)

An dem Kleidungsstück Schuh können wir besser als an der sonstigen Kleidung das Zusammenwirken von Kleidung und Körper studieren. Viele Wortbeziehungen verraten uns schon die Wichtigkeit, die ihm beigemessen wird: Auf großem Fuße leben, kleine Schritte machen usw.

Die Rückwirkung der Fußbekleidung auf den Körper zeigt sich neben anderem besonders am Gang. Auch er hat sich den Schönheitsidealen der jeweiligen Modevorstellungen angepaßt und ist heute keinesfalls mehr »natürlich«. Gingen wir so, wie die Natur uns eingerichtet hat, so würde die Abrollbewegung des Fußes mit seiner abgeschrägten Vorderseite einem Pendeln – der Latschengang – entsprechen, ein in unseren Augen keinesfalls ästhetischer Anblick, der ein wenig an den Affengang erinnert.

Man mag einmal diesen »lockeren« Gang mit leichter Vorneigung, nach innen gedrehten Füßen seitwärts hin und her pendelnd ausprobieren, um ganz spontan festzustellen, wie beschwingend er ist. Es gibt

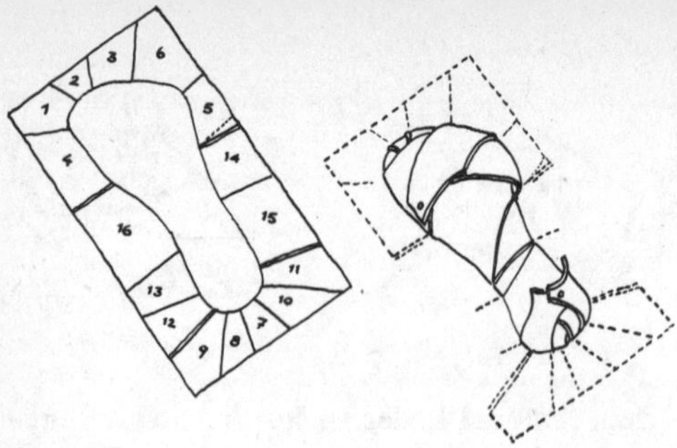

Zeichnung 32: Schuhmodell zum Selbstausprobieren. Umrißlinie auf Pappe aufzeichnen. Nach der Numerierung hochklappen. Am Fuß anpassen. An zwei Stellen heften.

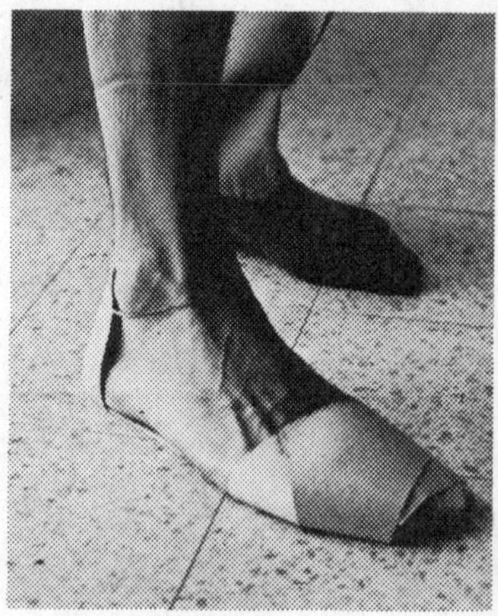

Foto 35: Pappmodell für einen Selbstbauschuh entsprechend Zeichnung 32. Nach dieser Methode sind auch geschlossene Schuhe herstellbar.

Situationen, wo er sich heute noch (unbeachtet) einstellen kann; so wird man bei langem Bergaufsteigen, wenn man mit den Kräften haushalten muß, feststellen können, daß man ganz automatisch in dieses Schwingen kommen kann.

Viele Völker der Dritten Welt gehen keinesfalls so hochaufgerichtet stocksteif wie wir, sondern viel elastischer. Auch wir können das – wenn wir »passende« Schuhe haben. Wir müssen unsere Forderungen artikulieren lernen. Außerdem müssen wir gerade beim »Schuhwerk« (!) lernen, seinen Wert und seinen Wert für unser Wohlbefinden wieder zu erkennen.

Für uns heute, wo vieles »selbstverständlich« geworden ist, mag es ganz ungewöhnlich sein, daß man Menschen nach der Art ihres Schuhwerks klassifizieren kann. Manchmal, so beim *»Bundschuh«,* ist uns sogar die politische Bedeutung bewußter als die der ursprünglichen Bekleidung, die dahinterstand. Aus den Überlieferungen können wir erkennen, daß die Bedeutung des Schuhwerks weit über seinen praktischen Nutzwert hinausging. Am Ende des 12. Jh. nannte sich eine (wir würden heute sagen:) nationale Partei im heutigen Norwegen »Birkebeiner« nach den Schuhen aus Birkenrinde, die ihre Mitglieder trugen.

»Will der Schuster kleine Schuhe einführen, so muß er geduldig warten, bis das großfüßige Geschlecht abgestorben ist.« (Adolf Loos)

Kopf-Bedeckung

Das Tragen von Hüten – früher allgemeiner gebräuchlich – hat sich im Laufe der letzten Jahrzehnte drastisch geändert. Augenscheinlich ist der Unterschied, wie Männer und wie Frauen sich behüten, welche Anlässe dabei gegeben sind, welche Absichten verfolgt werden. Allgemein kann festgestellt werden, daß das Tragen von Hüten im westeuropäischen Raum bei Männern langsam verschwindet, während der Hut bei Frauen nach wie vor mit dem besonderen Anlaß des Schmückens, oft mit besonderer Phantasie, verbunden ist.

Männer sind, wie in ihrer ganzen Kleidung seit der Französischen Revolution, nach anfänglicher Emanzipation konservativ bei ihren damaligen Errungenschaften (z.B. der langen Hose) geblieben. Frauen bleiben seit der Revolution bemüht, die Prinzipien der früher herrschenden Klasse zu bewahren und zu beachten. (Ihr Prinzip ist die Abwechslung, der Putz und die Koketterie.)

Trotz der allgemeinen Ablehnung des Hutes durch Männer und Frauen und Kinder lebt seine Bedeutung in bestimmten Gegebenheiten desto stärker fort. Ja, man kann trotz des wenigen Gebrauchs neu hinzugekommene Gebiete diagnostizieren, die ohne das Abzeichen Hut gar nicht in der unseren Augen gebräuchlichen Form in Erscheinung treten würden. Dies gilt insbesondere für den Freizeitsektor.

Somit entsteht eine neue Hutordnung in der Rangfolge zeitweise eingesetzter Kopfbedeckung, die mit den drei sich überschneidenden Bereichen Repräsentation/Beruf – Arbeit/Freizeit bezeichnet werden kann.

Der Begriff der »Kleidung für den Kopf« ist ungebräuchlicher als die Bezeichnung Kopf-Bedeckung. In ihr steckt noch etwas, das uns auf wichtige Funktionen des Hutes hinweisen will: Schutz wie Zeichen wie Schmuck.

Vergleichbar der Schuhentwicklung ist jedoch die wichtigste Funktion, das Schützen vor Sonne und Regen bei der Ausbildung der traditionellen Formen wenig berücksichtigt worden. Somit hat der eigentliche Hut heute eher einen *Symbol-* und *Zeichenwert.* Er verleiht seinem Träger etwas von demjenigen Gehalt, mit dem er historisch »belastet« ist: So meint man bei einem Mann, der einen Stetson trägt, etwas von Cowboy zu spüren, ein Bowler assoziiert »Banker« usw.

Die heutige Armut im Zeichenhaften, die nur in organisierten Veranstaltungen, wie z.B. dem Karneval, eine Ausnahme duldet, hat dazu geführt, daß der Männer-Hut nahezu verschwunden ist. Sicher hat beigetragen, daß die sich entwickelnden Modelle oft alles andere als »tragbar« waren.

An die Stelle des Hutes ist der Kopf-Schutz getreten, die (auch oft reichlich unpraktische) Kappe, die Mütze, besonders aber die Spezialkopfbedeckung wie der Helm. Er ist fast typisches Merkmal unserer Zeit, seine Verwendung stark im Zunehmen begriffen. Wenn man von den Sonderformen wie Kriegshelmen absieht, erobert er sich immer neue Bereiche im Renn-, Reit-, Ski-, Bergsport, verschiedenen Berufen (Bau, Industrie) und (wieder bereits als »Zeichen«) bei den jugendlichen Motorradfahrern.

Wenn wir Ansätze für eine vernünftige Kopfbedeckung suchen, so müssen wir den Bereich unseres engeren Kulturkreises verlassen. Im Vorderen Orient und Nordafrika dient das leichte, verschieden gelegte Baumwolltuch als Kopfschutz vor Sonne, Sand und Kälte. Es handelt sich dabei meist um ein ohne Verschnitt hergestelltes rechteckiges Stück Tuch, das leicht zu waschen ist und wenn überhaupt defekt, reparierbar und wiederverwendbar ist. Vergleichen wir damit einmal unseren unpraktischen Hut, der kaum gereinigt werden kann und den Schweiß auch noch auf ein sog. »Schweißband« konzentriert.

Im Fernen Osten »antwortet« die Kopfbedeckung mit anderem Material in anderer Weise auf das (hier regenfeuchte) Klima. Das Hut-Dach wird so aufgeständert, daß der Kopf und teilweise die Schultern zwar regen- und sonnengeschützt sind, aber ein Luftdurchzug zur Kühlung des Kopfes gewährleistet ist, wobei möglicherweise die geschwungene Form eine Luftbeschleunigung nach dem Prinzip der Venturi-Düse verursacht.

Im Mittelalter wurden in unserem Gebiet sog. »Hauben« getragen. (Die Frau war »unter der Haube«, wenn sie dieses Zeichen der Verehelichung tragen durfte.) Sie waren eigentlich sehr praktisch und könnten als Ansatz für die Entwicklung einer luftigen, gut sitzenden, einfach und selbst herzustellenden, variierbaren Kopfbedeckung dienen.

Verfolgt man die Entwicklungslinien der einzelnen Herrenhüte zurück bis zu ihrem jeweiligen Ursprung, so ist auffällig, daß dieser öfter, als man vermuten mag, mit einem bestimmten Jahr als Beginn oder gar Erfindung dokumentiert ist. Erstaunlicher ist, daß man sogar weiß, wer

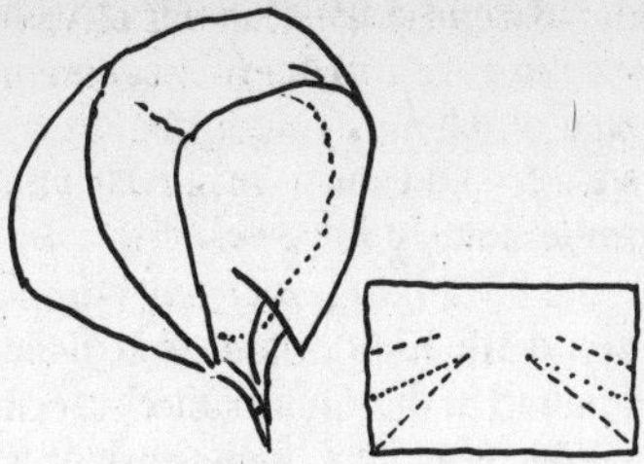

Zeichnung 33: Haube aus steifem Stoff als Grundlage für neue Hüte. In der Fläche (rechts) sind die Knicklinien dargestellt, gestrichelt = Kehlen, gepunktet = Grate (von innen gesehen). Schutz des Nackens = Kappe (über den Kragen reichend).

einen bestimmten Hut erfunden oder kreiert hat. Der Bowler ist dafür ein gutes Beispiel.

Wenn man weiß, wann wer welchen Hut aus der Taufe gehoben hat und vielleicht noch, warum er das tat, dann liegt es nahe, sich diesen Schöpfer selbst einmal genauer anzusehen. Es ist ganz natürlich, daß sie in früheren Zeiten der Aristokratie oder der sonstwie herrschenden Schicht angehörten. Der brave Mann trug keinen Hut, wie er auch bis vor gar nicht so langer Zeit keine Regenkleidung kannte, sondern sich mit einem kapuzenartig übergeworfenen Stück Stoff ungenügend behalf.

Diese Initialzündung bei Änderung der Hutmode scheint heute vorbei, ist es aber offensichtlich genausowenig, wie die »Macht durch Besitz«-Ordnung der Aristokratie wirklich beendet ist.

Außer durch die traditionellen aristokratischen Hutänderer – Kronen können sie ja nicht mehr variieren – wird die Hutmode aber auch noch in anonymer Weise geändert. Hier sind die Verursacher überhaupt nicht bekannt. Wohl kann man das Auftauchen des *snapbrim* auf das Jahr 1936 festlegen, nicht aber den Herrn, der ihn eben so bequem fand. Neben den aristokratischen Veränderern mit ihren demokratischen Nachbetern gibt es also auch eine rein »demokratische« Veränderungslinie, die sich heute besonders in der Freizeitmode äußert, wo man keinesfalls allein davon sprechen kann, daß alles von der bösen manipulierenden Industrie zur Ausbeutung der Hutträger lanciert ist.

Versuche mit Sonderkleidungsstücken

Sonderkleidung über die Sonn- und Festtagsgewänder hinaus, also Kleidung, die zu speziellen Witterungen getragen wurde, dürften sich früher wohl nur die reicheren Leute geleistet haben. *Glückel von Hameln* beschreibt beispielsweise in ihrem Lebensbericht das »Regenkleid«, ein langes, schwarzes Tuch, das über den Kopf gezogen und um die Taille geschlagen wurde, sowie den »Regenschurz«, einen langen Rock dazu, den Hamburger Bürgerfrauen um 1670 trugen. (Wir müssen die Jüdin Glückel ihren Tagebüchern nach durchaus zu den privilegierten hanseatischen Schichten rechnen; sie berichtet auch beispielsweise später aus Metz, daß in der Gemeindestube kein Jude gewesen sei, der nicht eine Perücke getragen habe.)

Nach dem Prinzip der Addition dürften diese Kleider als zusätzliche Schale über den üblichen getragen worden und in der Qualität sicherlich nicht vom Üblichen abgewichen sein. Was um diese Zeit etwa von Fischern getragen wurde, konnte ich nicht ermitteln. Ich möchte als Anregung zur Beschäftigung mit anderen als den geschilderten Kleidungsstücken einige Versuche beschreiben, die ich im Laufe der Jahre gemacht habe.

Unterwäsche

Obwohl es bei der heutigen billigen Massenproduktion von billiger Unterwäsche müßig erscheint, die Prinzipien sinnvoller Kleidung auch auf dieses Gebiet auszuweiten, soll wenigstens ansatzweise ein Versuch dazu als Denkmodell unternommen werden.

Auch die Unterhose ist im Grunde genommen ein äußerst kompliziertes und unpraktisches Kleidungsstück, das nur dann nicht einzwängt, wenn man es ein paar Nummern zu groß einkauft.

Schon der *Jüngere Cato* wollte – indem er selbst solche Lendenschürze trug – die Kleidung der Römer reformieren. Er verband mit der Einführung des dreizipfligen Tuches, das um die Hüften gelegt wurde, wobei der dritte Zipfel zwischen den Beinen durch nach hinten gezogen war, zugleich die Besinnung auf alte (wohl als besser angesehene) Sitten. Diese Bekleidung war die Urform südlicher Wäsche überhaupt, bei den Ägyptern jahrhundertelang die einzige Bekleidung des Mannes.

Man sollte es einmal ausprobieren. Bequem, praktisch und billig ist dieses dreieckige Stück Tuch durchaus; und es entspricht in frappierender Weise den Gesetzen vernünftiger Kleidung. (vgl. *Fotos 14* und *15*)

Man kann auch ein viereckiges Stück Tuch verwenden, dann trägt man einen sogenannten »Bruch«, wie ihn eine Dresdener Bilderhandschrift zum Sachsenspiegel als (häufig einzige Unter-) Kleidung des Mannes darstellt.

Eine Mini-Form der dreieckigen Unterhose sind, inzwischen käufliche, Badehosen, die aus zwei im Schritt zusammengenähten Dreiecktüchern mit jeweils zwei Bändern, die um die Taille zusammengeknüpft werden können, bestehen. Nicht eng anliegende Unterwäsche kommt übrigens den Forderungen der Bekleidungsphysiologen entgegen, die einen Abstand zwischen Körper und erster Kleidungsschicht fordern.

Regenkleidung

Trotz des Prinzips, addierbare Kleidungsstücke zur Anpassung an unterschiedliche Witterung zu gebrauchen, wird man nicht vermeiden können, Sonderkleidung für Regenwetter zu brauchen. Die normalen regendichten Wetteranzüge sind wegen der mangelhaften Atmungsfähigkeit ungeeignet. Durch wenig Körperbetätigung kann man infolge von Schwitzwasser ganz schön durchnässen. Die neueren Anzüge mit Phantasienamen und Phantasiegarantien (von absolut regenundurchlässig bis voll atmungsfähig) sind leider schöne Phantasie. Ich habe das teuerste Produkt selbst getestet. Nach etwa einem Jahr sind die beanspruchten Stellen (Knie, Schultern) so durchlässig wie Baumwollgewebe. Außerdem ist der Nachteil von Regenkleidung darin zu sehen, daß man sie nicht bei sich hat, wenn man sie braucht.

Deshalb habe ich aus dünnster Folie einen weiten, langen, unten durch einen aufblasbaren Ring vom Körper abstehenden Umhang wie eine große Regenhaube konstruiert, die zusammengerollt in einer Mütze Platz findet. (Kann man sich mit einem Folienschweißgerät, wie im Haushalt üblich, selbst aus durchsichtiger Folie herstellen.)

Zeichnung 34: Sonderkleidung: Regenkleidung aus Darmhaut der Kodiak-Eskimos (Nat. Mus. Kopenhagen).

Zeichnung 35: Sonderkleidung: Regenhaut aus dünner Folie, in Kappe zusammenrollbar zu tragen. Über Schulter zusammenzuziehen, unten aufblasbarer Ring mit Ventil zur Erreichung einer »Glocke«.

Sportkleidung

Sportkleidung für jede Sportart gesondert zu entwickeln dient meiner Meinung nach niemandem als den Herstellern und Verkäufern.

Es wäre anzustreben, die allgemeine Kleidung so zu verbessern, daß sie für möglichst jeden Zweck geeignet ist.

Wenn man schon eine spezielle Oberbekleidung braucht, dann ist der Anorak mit einer entsprechenden Überhose als Windschutz ideal. Darunter gehört als Wärmeschutz ein Pullover bzw. eine leichtwollene lange Unterhose.

Wichtiger als modische Streifen ist die Anpaßbarkeit an möglichst viele gegebene Situationen. Der Anorak sollte mit der Überhose lösbar verbunden sein, die Kleidung nicht zu eng anliegen, die Kapuze wie die Gamaschen und Handschuhe dicht angearbeitet sein. Große Taschen dienen der Aufnahme der gerade nicht benötigten Teile.

So kann eine nahezu geschlossene zweite Haut entstehen, die jeder schätzen lernt, der sich einmal durch hohen leichten Pulverschnee arbeiten mußte.

Nachtkleidung

Ungefähr ein Drittel des Tages tragen wir eine Kleidung, mit der wir uns überhaupt nicht beschäftigen, Nachtkleidung und Bettzeug. Für diesen verhältnismäßig großen Anteil unserer Lebenszeit sollte uns nichts Gesundes zu schade sein. Nicht wenige Argumente sprechen dafür, nackt in Wolle und Seide zu schlafen.

Foto 36: Ski- und Kletterkleidung. Die einzelnen Teile sind mit Reißverschlüssen zu einem geschlossenen Kleidungsstück zu verbinden. Handschuhe / Anorak / Hose / Gamaschen (nicht dargestellt), jedoch auch einzeln tragbar. Weite in der Hals-, Achsel- und Beckenzone. (60er Jahre) Große Außen- und Innentaschen. Die Kapuze kann so zusammengezogen werden, daß sie in Art einer Haube wie ein Schild vorsteht und unten Mund- und Nasenpartie abdeckt.

Jedenfalls ist aber das alte, genügend lange Nachthemd besser als auch der noch so weit geschnittene Pyjama, der sich bei Bewegungen oft verschiebt. Es ist auch leichter herzustellen und zu pflegen. Männer, macht's den Frauen nach!

Reisetasche

Man kann mit einem großen Teil seines Hausrats verreisen und wundert sich dann plötzlich, daß die große teure Freiheit da aufhört, wo Personal nicht verfügbar ist und man selbst auf dem eigenen Buckel todmüde das schleppen muß, was man sich an nutzlosem Zeug so im Laufe der Zeit zusammengekauft hat oder zusammenkaufen ließ.

Mit »leichtem Gepäck« zu reisen, auch hier anpassungsfähig vom Grand Hotel bis zu einer Notsituation auf einem Flugplatz, dient der Vergrößerung an Freiheit und Freude.

Zu allgemein? Wenn Sie gelegentlich fliegen, werden Sie feststellen, daß das Gepäck, das Warten auf Abfertigung und Ankunft unverhältnismäßig viel mehr Zeit schluckt, innereuropäisch manchmal mehr als der eigentliche Flug.

Haben Sie nur »Handgepäck«, kommen Sie überall viel schneller durch. Je nach (bürokratischer) Fluglinie werden die Bestimmungen

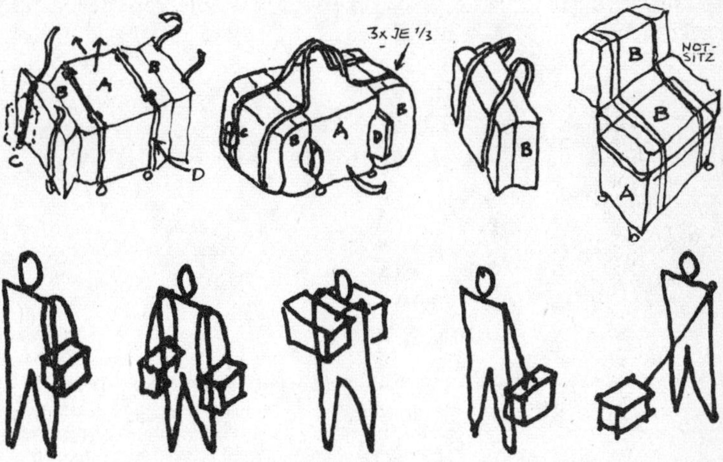

Zeichnung 36: Reisetasche als addierbarer Behälter: A = Normgröße Bordcase = 45/35/20 cm, fest. B = Variable Ankoppelungen, auch als Einzeltaschen nutzbar. C = Spezialankoppelungen (Foto etc.). D = Zwischenraum zum Einschieben größerer Gegenstände (Rollen, Plaid). → = Weitere Ergänzungsrichtungen.

sehr flexibel gehandhabt, wonach »eigentlich« gemäß IATA-Übereinkunft nur Reisetaschengrößen von 45/35/20 cm als Bordgepäck erlaubt sind (für die es meistens sogar noch eigene Gepäckabteile gibt, so daß es nicht den Sitzraum einschränkt).

Wenn man alles das, was zusätzlich dazu noch erlaubt ist (Aufzählung geht hier zu weit, Bestimmungen besorgen) wie Fotoausrüstung etc. ankoppelbar unterbringen kann, verfügt man schon über ganz schöne Speichervolumen, die (mit der Ausnahme einiger interkontinentaler Fluglinien) nicht einmal gewichtsbeschränkt sind.

Und falls es doch einmal Schwierigkeiten geben sollte: Das Zuviel abkoppeln und in die Manteltaschen (siehe Umhang als Behälter) stecken, bis der Bürokrat am Boden zurückbleibt.

Immer noch zu wenig praxisnahe? Dann denken Sie mal (bei riesengroßen Reisen) an das 20-kg-Limit der Koffer und die Preise, die Ihnen gelegentlich für ein paar Mehr-Kilogramm abverlangt werden und die schnell den Reisepreis verdoppeln können – hier ist noch Luft.

Jetzt habe ich eigentlich schon viel zu viel Details besprochen, auf die Sie selbst kommen sollen, wenn Sie so Ihre Erfahrungen machen.

Anhang 1: Modereformen – Rückblick und Ausblick

Anstelle einer Einleitung

»Es ist von Behörden bereits die dringende Forderung nach Berufskleidung der Beamtin, ja sogar nach gleicher Haartracht aufgestellt worden, da die Verschiedenartigkeit der Tracht zu Unaufmerksamkeit, Eifersüchteleien usw. geführt und eine deutliche Verminderung der Leistungen herbeigeführt habe. Daher liegt die Berufskleidung der Frau ganz entschieden im Interesse der Behörden, Schulen, Fabriken, Warenhäuser u. a. m., also überall dort, wo eine große Anzahl weiblicher Personen nebeneinander beschäftigt ist.«

(Else Wirminghaus)

»Die Fortschritte auf dem Wege zur Demokratisierung erfolgen in einem Tempo von beängstigender Schnelle. Die Utopien von Saint-Simon, Fourier u. a. Weltbeglücker vom sozialistischen Zukunftsstaat beginnen Wirklichkeit zu werden... Die Mode kennt keine höhere Gewalt, aber es ist sehr wohl denkbar, daß der Umsturz des Bestehenden... Verhältnisse schafft, welche die Mode überflüssig machen. Schon die wirkliche Gleichheit würde sie aufheben. Eine gründliche Nivellierung der sozialen Schichten würde für ihre Bestrebungen keinen Raum lassen. Da es aber ohne Zweifel immer Reich und Arm geben wird, so läßt sich denken, daß die Mode sich wieder auf die höheren Schichten zurückziehen wird wie einst... Die Schaffenden und die Genießenden würden sich deutlicher sondern als jetzt.«

(Max von Boehn)

»Warum sollten nicht auch andere Behörden die Frauenkleidung um ihrer rassehygienischen Bedeutung willen als Interessengebiet des Staates behandeln... und wie man dem Wohnungselend durch Polizeivorschriften abzuhelfen sucht?«

(Margarete Pochhammer)

»Wenn sich erst die Frauen in eine teutsche Tracht kleiden, die schön und gesund und anständig und jeder Veränderung in Schnitt und Form fähig ist, so wird der Wunsch teutscher Patrioten erfüllt werden.«

(Leipziger Allgemeine Modenzeitung, 1814)

»Jede Frau, gleich welchen Alters, Standes, Glaubens und Gewerbes, ob Jungfrau oder Witwe, die einen Untertanen seiner Majestät betrügt, verführt und zu diesem Zwecke Parfüm, Schminke, Schönheitswasser, künstliche Zähne, falsche Haare, Korsetts, Reifröcke oder Schuhe mit hohen Absätzen benützt, hat die gleiche Strafe zu erwarten wie ein Mensch, der wegen Zauberei verurteilt wird.«

(Englischer Parlamentserlaß, 1770)

»Eine blühende Bekleidungsindustrie ist auf der Grundlage einfachen Nutzwertes nicht möglich... Wir müssen den Verschleiß beschleunigen... Unsere Aufgabe besteht darin, den Frauen die Freude an dem, was sie haben, zu nehmen... Wir müssen sie so unzufrieden machen, daß ihre Männer, wenn sie übermäßig sparsam sind, weder Ruhe noch Frieden finden.«

(*B. Earle Puckett,* Vorstandsvorsitzender der Allied Stores Corporation, 1950)

Kleiderreformen

In der Mitte der 70er Jahre des vorigen Jahrhunderts wurde der erste organisierte Versuch von Frauen unternommen, die verordnete Kleidung zu reformieren. Der Erfolg war mager, wie uns noch heute an einer der damaligen Forderungen klar wird, nämlich keine hohen Absätze zu tragen.

Immerhin bildete sich nach diesem Vorstoß 1882 in London die *»Rational Dress Association«*. Einige ihrer Forderungen verdienen festgehalten zu werden:

- Freiheit der Bewegung
- Kein Druck auf Körperteile
- Nicht mehr Gewicht als nötig
- Vereinigung von Schönheit und Bequemlichkeit und Anstand
- Keine allzu auffallende Abweichung von der Zeitmode.

Aber auch diese Vereinigung und ihre Nachläufer konnten sich keiner nachhaltigen Einflußnahme erfreuen. Etwa gleichzeitig sind ähnliche Bestrebungen in Schweden, Holland, Frankreich, Italien, Österreich, Rumänien datierbar.

Es erscheint heute so, als wenn alle diese Ansätze, die jeder für sich zur Bedeutungslosigkeit verurteilt waren, dennoch notwendige Grundlage für die dann doch etwas einflußreichere deutsche Reformentwicklung waren.

Der *Internationale Kongreß für Frauenwerke und Frauenbestrebungen*, in *Berlin* 1896 abgehalten, gab die Grundlage für Vereinsgründungen in Berlin und Dresden ein Jahr später. 1907 hat der *»Deutsche Verband für Verbesserung der Frauenkleidung«* Filialen in allen größeren Städten Deutschlands. Einer seiner Grundsätze: *»Man suche nicht die Frauenkleidung zu verbessern, sondern die Frau.«*

Zeichnung 37: Reformen, Konventionen, Rückgriffe: 1 = Reform-Kostüm, Mrs. Bloomer 1850; 2 = Normalkleidung, Gustav Jaeger 1880; 3 = Gesellschaftskleid, Mohrbutter 1900; 4 = Reformkleid, Paul Schultze-Naumburg 1901; 5 = Renaissancefrauentracht, Julie Jäger und Isolde v. Wolzogen 1910; 6 = Renaissance-Winterkleid, Julie Jäger und Isolde v. Wolzogen 1910; 7 = Gesellschaftsanzug, H. Katzenberger 1912; 8 = Frühjahrsmode, Hedwig Buschmann 1917; 9 = Gesellschaftskleid, Hedwig Buschmann 1917; 10 = Anzug für Schwerarbeiterin, Otto Straßburg 1917.

Ungeachtet der »Ermahnungen«, die fast ausschließlich von männlicher Seite kamen, sind die Frauen nach kurzer Zeit stets wieder zu Putz- und Verschwendungssucht zurückgekehrt, meist in vergrößertem Maße als bisher.

Cornelius Agrippa von Nettesheim (De incertitudine et vanitate scientiarum et artium 1532), *Sebastian Brandt* (Narrenschiff 1494), *Girolamo Savonarola* (um 1480), *Juan Luis* (Undterweisung ainer christlichen Frau, 1544) und andere, die die Narretei der Frauen anprangerten, oft verhöhnten, waren schnell vergessen.

Selbst die Kleiderordnungen, von Ständen und Städten erlassen, mußten immer wieder neu gefaßt werden, weil durch die massenhaften Übertretungen Verstöße nicht mehr geahndet werden konnten. Die 1530 verordnete Reichskleiderordnung legte für das Kleid der deutschen Bauersfrau sogar die höchstzulässige Zahl von Falten im Rock fest – kein Wunder, daß danach die Trachten besonders faltenreich wurden.

Alle Kleiderreformen sind ihren gesetzten Zielen kaum nahegekommen, bestenfalls aparte Modeneuheiten wurden daraus. Lediglich mit der Französischen Revolution sind kleine Verbesserungen zu verzeichnen; sie bestehen darin, daß die Mode über längere Zeitabschnitte weniger protzig wurde. Viel sinnvoller ist sie langfristig gesehen gleichwohl nicht geworden. Anstelle von Rüschen und Spitzen treten heute eben Folkloreornamente auf, Ziertaschen oder Nieten oder, oder...

Diese Entwicklung greift neuerdings auch auf die bisher von ihr verschonte Männermode über; das geschieht zum gleichen Zeitpunkt, da die Damen wieder Volants und Spitzen tragen. Es scheint, als wolle man das einzige Feld, in dem sich die Emanzipation durch Kleidung beinahe durchgesetzt hatte, die Männerkleidung wieder rückentwickeln zur Abhängigkeit von der Mode.

Die Reformwünsche richteten sich jedoch nicht nur auf die Kleidung der Frau. Mit dem Männeranzug, der über zwei Generationen nahezu unverändert blieb, war man zu Beginn dieses Jahrhunderts nicht mehr zufrieden. Man hielt ihn für ästhetisch verbesserungsbedürftig. 1911 bildete sich in Berlin eine *»Gesellschaft für Reform der Männerkleidung«*, die auf knapp 10 Jahre ältere Gedanken zurückgriff und anstelle der langen Hose eine enge Kniehose mit Wadenstrümpfen forderte. Aufkommende nationale Ideen förderten auch die Gedanken an nationale Kleidung, die mancher berühmte Dichter damals vertrat.

In Deutschland haben populäre Zeitschriften, insbesondere die *»Gartenlaube«* versucht, die Hygiene als neuen Faktor für die Bewertung von Kleidung einzuführen. Als Begründer der experimentellen Hygiene in der Kleidung galten *Pettenkofer* und seine Nachfolger (Ende des vorigen Jh.). Was sie entdeckten, läßt sich aus ihrem etwas phantasievollen Deutsch ganz einfach als Dampfdiffusion übersetzen.

Zeichnung 38: Dr. Gustav Jaeger mit seinem Reformanzug.

Gustav Jäger erzielte den größten Durchbruch mit seinen Gedanken über die Ausgeglichenheit der Absonderung von Angst- und Luststoffen durch den Körper des Menschen, wozu er wollene Unterwäsche vorschlug: *»Wer weise ist, wählt Wolle«*, hieß es damals.

Diese Ideen erhielten in der Folge zahlreiche Abwandlungen durch *Pfarrer Kneipp* (grobes Bauernleinen), *(H. u. A. Jäger* (Kreppgewebe), *Lahmann* (Baumwolle). Letzterer verdammte auch schon die Futterstoffe.

Durchgesetzt haben sich diese Gedanken allmählich in der Unterkleidung, die man ja nicht sah – bis dann die Kunststoffindustrie kam... Nicht durchsetzen konnten sich »Zurück-zur-Natur«-Gedanken, die in extremer Weise Veränderungen bewirken sollten *(Diefenbach, Pudor, Guttzeit)*.

Dennoch war es noch ein langer Kampf, insbesondere gegen wenn auch unbequeme, so auch liebgewonnene Vorstellungen bei den Frauen, der mit langem Hin und Her gegen das Korsett heute als vergnügliches Überholtes abgetan werden könnte, wenn es nicht gerade wieder Mode geworden wäre.

Anfang des 19. Jh. beginnt sich – auf ältere Vorlagen zurückgreifend – endlich ein Prinzip revolutionierend zu artikulieren, das Hängekleid, damals »Reformsack« getauft, gefördert durch die Aktivitäten von *Paul Schultze-Naumburg. Dr. van de Velde* (viele Ärzte beschäftigten sich damals mit der Reform der Frauenmode) variiert diese Vorstellungen, indem er die Kleiderlast nicht allein von den Schultern tragen (hängen) läßt, sondern teilweise auch von den Hüften – allerdings indem er das Korsett wieder einführt.

Der wirkliche Reformator in der Frauenmode – um die es fast ausschließlich gehen mußte – war der Krieg. *»Not kennt kein Gebot«* bewahrheitete sich auch hier. Praktische Kleidung setzte sich über konventionelle Schönheitsvorstellungen hinweg und wirkte durch den schlichten Gebrauch auf eine Änderung der Vorstellungen von Ästhetik zurück.

Kehren wir jedoch noch einmal in das Deutschland der Zeit vor dem Ersten Weltkrieg zurück. Damals ist eine Reformbestrebung an die Seite der erwähnten getreten, die auf ganz anderen Grundlagen beruhte, hohe Ansprüche mit klingenden Namen verband und bis heute als Synonym für Frauenkleiderreform gilt, obwohl sie am allerwenigsten dazu beigetragen hat, die Frauenkleidung zu verbessern.

Diese durch Künstler vertretene Richtung hielt eine Erneuerung mit rein ästhetischen, gestalterischen Veränderungen für richtig. Obwohl immer wieder hochgespielt, ist dies nur ein unbedeutendes Intermezzo in der Bestrebung des Menschen, sich durch seine Kleidung zu emanzipieren (vgl. Kapitel »Reformkleid ohne Reform« S. 103f).

Interessanter sind schon einige Aspekte, die zwar – wie so oft – nicht in der Wirklichkeit in Erscheinung treten, dafür als »Theorie« desto mehr propagiert wurden. In ihnen zeigt sich einmal die jetzt schon traditionelle Zwiespältigkeit bei Bestrebungen rein formaler Art, zum anderen aber auch die Widersprüchlichkeit zwischen Theorie und Praxis sowie der Theorien untereinander.

Alfred Mohrbutter forderte beispielsweise, ein Frauenkleid müsse einheitlich wie ein Möbel sein und behauptete, daß es in Erfüllung seiner Forderungen mit einem Schlage zum Kunstwerk würde. Er und sein Lehrmeister *Henry van de Velde* wünschten die Damen zu uniformieren, letzterer allerdings nur für festliche Veranstaltungen.

Es waren damit Gedanken angesprochen, die einmal (gewollt oder unbewußt) in die Richtung des »Gesamtkunstwerks« gehen sollten oder doch mindestens die Verzahnung und Gleichberechtigung der Künste zum Ziel hatten. Deutlich wird dies bei den Vorschlägen, Damen des Chors bei Veranstaltungen uniform in zum Musikstück passender Farbe auftreten zu lassen, was sogar zeitweise praktiziert wurde.

Auf Initiative von *Dr. Deneken* wurde den Künstlern *Van de Velde, Mohrbutter, Pankok, Richard Riemerschmidt, Hermann Obrist, Peter Behrens, Berlepsch* unter anderen im Frühjahr 1900 auf einer Veranstaltung in Krefeld ermöglicht, ihre Ideen in die Tat umzusetzen.

Neben der (Kunstgeschichtler-) Zustimmung im nachhinein haben wir heute der historischen Wahrheit wegen auch auf die schon damals geäußerte Kritik hinzuweisen, nämlich daß die vorgestellten Kleider in Unkenntnis des notwendigen Fachwissens und der Schneidertechnik konzipiert, schlecht ausgeführt und total reaktionär seien.

In Wirklichkeit hatten sich die erwähnten Künstler eine Variation der Tagesmode einfallen lassen, die vielleicht bei der Vernissage als sensationell empfunden wurde, aber letzten Endes doch den Verrat an den Bestrebungen bedeutete, die diesen Modellen weit voraus waren. So sind die Herren der Reformmode mit die Vorläufer für eine schnelle Modeveränderung geworden, unter der wir heute noch zu leiden haben. Statt Reformer hießen sie besser Couturiers.

Diese Episode mag die Wichtigkeit der Bestrebung bestätigen, Kleidung von Mode zu scheiden.

Aber noch etwas anderes wird offenbar: Die Reform der Frauenkleidung wurde – wie immer sie ausfiel – nur für die Kleidung derjenigen notwendig, die nicht selbst arbeiten mußten. Die Bäuerin auf dem Feld hat schwerlich ein Schnürkorsett getragen. Es sind auch kaum Versuche über den Umfang derjenigen von *Otto Straßburg* (etwa 1917) hinaus bekanntgeworden, die Kleidung der arbeitenden Frauenschichten zu verbessern. Die wenigen Ansätze, die es dafür gibt – so bei *William Morris* –, beschränken sich darauf, zu fordern, daß die »unterprivilegierten« Schichten zu so etwas Ähnlichem »aufsteigen« sollten wie die Überprivilegierten; im Falle von Morris eben weißer Flanell als Landarbeiteranzug.

Die Reformkleidbewegung, die seit dem Beginn dieses Jahrhunderts ihren Anfang nahm, wird also mit einigen großen Künstlernamen verknüpft, so daß der falsche Eindruck entsteht, diese wären die Schöpfer dieser Reform gewesen. Im Grunde genommen haben jedoch diese Künstler, deren Namen heute fälschlicherweise so direkt mit der Reformbewegung verknüpft sind, lediglich eine Zeittendenz aufgenommen (und größtenteils retardierend interpretiert).

Nicht als Werk ein paar großer Männer, sondern aus vielen unterschiedlichen Quellen über viele Jahrzehnte vorher gespeist, entwickelt sich eher anonym, mindestens aber unübersichtlich vielschichtig die Reform der Kleidung (der Frau). Wenn auch sicher für die Damen der Oberklasse konzipiert, sind die Entwürfe in *»Frauenreformkleidung«* (1903) viel progressiver als die Robe, die *Henry van de Velde* ungefähr 1896 entwarf. Schon anläßlich der International Health Exhibition 1884 in London hielt *E. W. Godwin* einen Vortrag, in dem er einleitend ausführte:

»Im gleichen Maße wie Architektur die Kunst und Wissenschaft des Bauens ist, ist das Gewand (dress) die Kunst und Wissenschaft der Kleidung (clothing). Eine Hülle für den menschlichen Körper herzustellen und zu schmücken, die schön und gesund sein soll, ist genauso wichtig, wie danach ein Schutzdach für ihn zu errichten, das schön und gesund ist.

Die Kleidung wird am ehesten erklären, wo Kunst eine lebendige Realität bei den Menschen ist.«

Wie schon in anderem Zusammenhang erwähnt, darf die rühmliche Rolle des unrühmlichen Krieges bei der Beschleunigung von neuen Ideen nicht unerwähnt bleiben.

Vor dem Ersten Weltkrieg, wo man gelegentlich schon versucht hatte, die Damen vom Korsett zu befreien (sie aber der Mode wegen 1910 in eine enge Rockschatulle, den Humpelrock, steckte, bei der gelegentlich Fußfesseln zu tragen waren, damit er bei einem unvorsichtigem, etwas größeren Trippelschritt nicht aufriß!), gab es keinen größeren Durchbruch an Neuerungen. Aus einer Kriegs-Sonderbroschüre *»Das Kleid der arbeitenden Frau«* (Karlsruhe, 1917), einer Thematik, mit der sich die herausgebende Zeitschriftenredaktion der *»Neue Frauenkleidung und Frauenkultur«* bislang kaum auseinandergesetzt hatte, zitiere ich:

»...die Kleidung der arbeitenden Frau hat niemals die Aufgabe, die Schönheit der Frau in dem Sinne zu heben, daß sie als weibliches Geschlechtswesen reizvoller und anziehender wird. Das gilt ganz besonders bei solcher Arbeit, wo Männer und Frauen miteinander beschäftigt sind und wo sich, wie es jetzt bei den Kriegszeiten unvermeidlich ist, die verschiedenartigsten Elemente beisammen befinden. In diesen Fällen muß die Kleidung der Frau nicht allein Schutz gegen gesundheitsschädigende Einwirkungen der Arbeit und Schutz gegen Gefahr durch Maschinengetriebe bieten, sondern sie muß auch gewissermaßen einen sittlichen Schutz gewähren.«

Wenn auch nach dem Krieg regelmäßig die interimistisch von Frauen besetzten Arbeitsplätze von den zurückkehrenden Männern beansprucht wurden und damit in Verbindung stehend die Mode immer wieder »fraulicher« wurde, konnten doch die Entwicklungen nie ganz rückgängig gemacht werden. Aus dieser Zeit blieb die Hose als mögliches Frauenbekleidungsstück.

Ein anderer wesentlicher Beschleuniger war der Sport. Ihm verdanken die Frauen u.a. das nackt vorzeigbare Bein. Gerade durch die Motoren Krieg und Sport ist aber wenigstens etwas als (wenn auch oft von den Propagandisten selbst mißachtete) allein wichtige Forderung in die Mode eingegangen, das am besten mit Worten wie *bequem, praktisch, preiswert* umschrieben wird. Das wäre an sich nicht nachteilig gewesen, wenn dadurch nicht zugleich andere Werte völlig negiert worden wären, wie Individualität, sinnliche Aufgaben der Kleidung usw.

Insofern steht die Mode am Beginn unseres Jahrhunderts theoretisch im engen Zusammenhang mit einem Zeitgeist, den man auf anderen Gebieten mit den Schlagworten Nützlichkeitsdenken oder Funktionalismus zusammenfassen will. Die Parallelen sind nicht zufällig und auch nicht nur in Details nachweisbar: Die »großen« Architekten dieser Zeit bauten wie die »großen« Reformer überwiegend für eine ganz bestimmte Schicht des reichen Bürgertums. Beide Berufe haben die gleiche Erfahrung gemacht: Mit nur formalen Änderungen können wesentliche Veränderungen nicht bewirkt werden.

So absurd es erscheinen mag, kann die Theorie der damaligen Zeit eher als Grundlage für spätere Verbesserungen angesehen werden als die ausgeführten Modelle. Das liegt häufig daran, daß die vom damaligen opinion leader geäußerten Gedanken gar nicht mit in der Praxis ausgeführten Werken übereinstimmen. Van de Velde als Beispiel: (Aus einem Vortrag »Die künstlerische Hebung der Frauentracht«.)

»Die Künstler müssen sich von der Atmosphäre des modernen Lebens und seinen Bedingungen ganz durchdringen lassen, wenn sie darauf rechnen wollen, etwas Dauerndes zu schaffen. Wenn sie nur die Schönheit zur Geltung kommen lassen wollten, so würden sie sicherlich ebenso übel beraten sein wie diejenigen, denen für ihre Reformbestrebungen nur die Bedingungen des Nutzens maßgebend waren. Natürlich müssen nicht alle Kostüme im Hinblick auf das Rad- oder Automobilfahren entworfen werden und noch weniger zu dem Zweck gearbeitet sein, in Fabriken oder Maschinenräumen umherzugehen. Für solche Zwecke wird es sich darum handeln, besonders geeignete Kleidungen zu schaffen. Indessen kann es sich wohl ereignen, daß wir bei unserm Bemühen, derartige Kostüme für spezielle Zwecke der Gegenwart zu erfinden, das richtige allgemeine Konstruktionsprinzip der Kleidung entdecken, das sich dann auf ein Gesellschafts- oder Straßenkleid oder auf einen Arbeits- oder Reiseanzug anwenden lassen wird. Die Konstruktionsprinzipien für ein Bauernhaus und für einen Dom sind dieselben. Wir müssen auch die Kleidung allgemeinen tektonischen Prinzipien unterwerfen.«

Wie sehr sich diese Gedanken trotz ihrer Ungewöhnlichkeit in einem sich langsam ändernden Zeitgeist (der immer durch die Pioniere, nicht die Menge vertreten wurde) entwickelten, mag ein Bezug auf eine frühere Äußerung von William Morris zeigen. Zwar nicht im direkten Zusammenhang mit der Mode (sondern mit dem Essen), aber so allgemein gehalten, daß sie übertragbar erscheinen, skizziert er seine Forderungen:

- Einfachheit
- Vortreffliche Zubereitung
- Allerliebste Herrichtung
- Präsentation.

Man sieht, das Ausschmückende hat durchaus seinen Platz (aber seinen Platz und nicht den einzigen Platz).

Die weitere Entwicklung dieses »Zeitgeistes« wird durch Männer, die Mitglieder des 1907 gegründeten *Deutschen Werkbundes* sind, oder Männer und Frauen, die ihm nahestehen, bewirkt.

Neben dem Patriarch Van de Velde, der sich mit anderen der Erwähnten um die geistige Urheberschaft am Werkbund stritt, wären das Ehepaar *Muthesius, Peter Behrens, Alfred Mohrbutter* zu erwähnen, um die Berühmtesten in dieser Zeit zu nennen. Sogar offiziell hatte der Werkbund 1914 auf seiner Tagung in Köln die »glanzvollste Darbietung« reformerischer Kleidung angekündigt. Sie kam erst gar nicht zustande, weil die Herstellerfirmen davon nichts wissen wollten.

»Andererseits gab es aber auch Kleiderreformer, die die Zusammenarbeit mit der Großindustrie ablehnten. Manche stammten aus kleinbürgerlichen Schichten, andere aus feudalen Kreisen, deren gesellschaftliche Stellung durch die Folgen der kapitalistischen Industrialisierung ebenfalls gefährdet war. In der Kleiderbewegung gab es nicht wenige Anhänger dieser ›fortschrittlichen Reaktion‹ (Richard Hamann), die die Mißstände der kapitalistischen Gesellschaft durch eine Restauration früh- oder vorkapitalistischer Verhältnisse überwinden wollten. Für Julie Jaeger und Isolde von Wolzogen verkörperten weiterhin die Gewänder der Präraffaeliten das Modeideal, Hedwig Buschmann wollte zu ungenähten und selbstdrapierten Kleidern zurückkehren. Der Hauptvertreter dieser restaurativen Richtung war Paul Schultze-Naumburg, der später einer der schärfsten Gegner des Werkbundes wurde.«

In der heutigen Zeit kann eine zögernde Hinwendung zu den Werten in der Kleidung bemerkt werden, die das Sinnenhafte betreffen und die so lange mißachtet wurden. Hier sind es avantgardistische Künstler, die das Bewußtsein der Leute ändern wollen (sie aber eher verschrecken), ihre »Erlebnisfähigkeit zu sensibilisieren« suchen, Materialien, wie dem Filz, aus dem ein bekannter Anzug im Landesmuseum Darmstadt gemacht ist, eine tiefere Dingerfahrung, eine »unio mystica« zuerkennen wollen.

So sind die beiden geschichtlich immer wieder überlieferten Zweige des Reformstrebens seit den großen Kleidergestaltern *Albrecht Dürer, Lucas Cranach, Michelangelo* und *Leonardo da Vinci* auch heute noch erkennbar.

Weitere, heute sehr wirksame Impulse für Reformen sind in dem »geänderten Bewußtsein« der jungen Generation seit den siebziger Jahren zu sehen, weniger in den »alternativen« Äußerungen selbst (die ich damit nicht diskriminieren will) als in den theoretischen Forderungen nach Beendigung des Raubbaus in der Natur, Bescheidenheit in den Ansprüchen, Angepaßtsein im Leben usw.

Daneben wirkt die Veränderung der Bevölkerungsstruktur als Motor für zukünftige Entwicklungen, von denen wir uns noch gar keine Vorstellung machen können. Die Zahl der berufstätigen Frauen hat 1980 erstmals die Grenze von zehn Millionen überschritten und ist im Jahr 1981 erneut um 80000 angestiegen. Seit 1970 hat sich damit die Gesamtzahl erwerbstätiger Frauen um rund 600000 erhöht, während im gleichen Zeitraum die Zahl der erwerbstätigen Männer um 32000 zurückgegangen ist.

Die Struktur der Frauenberufstätigkeit hat sich nachhaltig verändert. Seit 1970 hat die Zahl der mithelfenden Familienangehörigen um 523000 abgenommen. Gleichzeitig nahm die Zahl der Beamtinnen um 130000 oder um 60 Prozent zu und die der Angestellten um 865000 oder um 23 Prozent. Die Zahl der Arbeiterinnen sank um 334000 oder um zehn Prozent.

60 Prozent aller erwerbstätigen Frauen sind verheiratet. Ihre Zahl hat seit 1970 von 5,4 auf 6,2 Millionen besonders stark zugenommen. 4,4 Millionen solcher Frauen betreuen 7,7 Millionen Kinder, davon 735000 Frauen drei oder mehr Kinder. (»Sozialpolitische Informationen« des Bundesarbeitsministeriums, 1982.)

Es scheint, als wenn die Forderungen, die der Offenbacher Lehrer *Wilhelm Curtmann* schon 1836 in seiner Schrift *»Gewerbeschulen für das weibliche Geschlecht«* zur Berufsausbildung der Frauen gestellt hatte und die von *Luise Büchner*, der Schwester *Georg Büchners,* aufgegriffen und so teilnahmsvoll (wenn auch anfangs anonym) vertreten wurden, nun doch durch »Ausbildung und Beruf« zum Ziel der Gleichberechtigung führen würden. Ob damit aber auch automatisch eine Reform der Kleidung einhergeht, ist nach den geschichtlichen Erfahrungen mehr als zweifelhaft.

Exkurs: Reformkleid ohne Reform

Die Reformkleidbewegung wird zumeist als eine Auflehnung gegen vorhergehende oder gleichzeitige Moden angesehen, denen man vorwirft, besonders schwülstig und übertrieben zu sein. Ganz abgesehen davon, daß viele der früheren dekor- und faltenreichen Modelle bei näherer Betrachtung überraschend »tragbar« sind, kann diese Kritik nur für einen ganz geringen Anteil exzentrischer (und wohl deshalb besonders überlieferter) Modelle der Damenmode gelten, für Herrenmode annähernd gar nicht.

Es gab auch vor der »Reform« schon vernünftige ohne Reformanspruch reformierte Kleidung. Das Bildnis der *Mme. Gautreau* von *John Singer-Sargent* (1884) soll für viele andere stehen. Selbst bei den Créationen von Hans Makart, einem Synonym für üppige Garderobe, stößt man – so bei seinem für ihn selbst entworfenen Kostüm 1879 – im Grunde auf ganz sinnvolle Kleidung, wenn man sich die malerischen Accessoires einmal wegdenkt, für die er von den Bürgern allerdings im Festzug des Kaiserpaares persönlich gefeiert wurde. (Übrigens: Makart verstand sogar mit der Schere umzugehen und schnitt gelegentlich ohne Zeichnung direkt aus dem Stoff. Daher nannte ihn sein Antipode Feuerbach »Schneiderprofessor«.)

Auch aus einem ganz anderen Grund kann die eingangs zitierte Kritik an der Zeit gar nicht zutreffend sein, wenn auch die Verfechter neuer Modeideen sich sicherlich als Reformer verstanden wissen wollten: Sie reformierten meist gar nichts, sondern versuchten, bei unveränderter oder wenig variierter Übernahme der herrschenden Vorlieben, »moderne« Ornamente, Applikationen, Effekte anzubringen. So gingen sie am Sinn einer Reform vorbei, die doch bezweckt, das Wesentliche zu ändern und stellten sich nur in den Dienst dessen, was sie angeblich reformieren wollten, des Modischen.

Ein weiterer Grund dafür, daß man sie nicht als Reformer bezeichnen dürfte, liegt darin, daß sie dem Grundzug jeder Reform, auf veränderte Verhältnisse zu reagieren, nicht entsprechen. Als gäbe es gar keine anderen Menschen, entwerfen sie für eine ganz begrenzte Schicht überwiegend des begüterten Bürgertums, das ähnlich reagiert wie auf einen neuen Künstler im Salon, von dem gerade tout (!) Berlin spricht. Somit geht selbst ihre Reform-Absicht an den Bedürfnissen der Mehrzahl der Menschen vorbei, ganz zu schweigen vom Resultat.

Die enge Verbindung von Künstler und Modeschöpfer, von Kunstausstellung der Maler und Exposition der Haute Couture, ja, des Malateliers und des Kleidergeschäfts (so bei dem schon erwähnten Pariser Maler Singer-Sargent, was wiederum Degas bespöttelte) bleibt im Grunde erhalten; abgesehen vom Entstehen von neuen Berufen der Modezeichner, Modemaler, Modekarikaturisten und Modejournalisten bleibt während der Zeit des Reformkleides eigentlich alles beim alten.

Die Reformer änderten also im Grunde gar nichts. Sie entsprachen lediglich dem damals aufkommenden Bewußtsein für die kommerzielle Bedeutung des künstlerisch gestalteten Produkts. Bezeichnend ist, daß die Gründerzeit auch Zeit der Gründung von Kunstgewerbe-Schulen (-Museen, -Zeitschriften) geworden ist, die sich damit in den Dienst der Absatzförderung stellten. Auch bei den wenigen, die aus dem Bild dieser Schilderung herauszufallen scheinen, ändern sich eher unbedeutende Einzelheiten als Grundsätzliches.

William Morris' Vorstellungen von einer Regenerierung durch die Erneuerung des Handwerklichen sind lediglich eine Variante, nicht jedoch ein Umsturz des Bestehenden. An die Vorstellung von zukünftigen Landarbeiterkleidungen in seiner Utopie »Kunde von Nirgendwo« (weiße Flanellanzüge) darf man gar nicht erst denken.

Und doch – bei aller negativen Einschätzung – ist aus all diesen Bestrebungen doch das hervorgegangen, was ich später Revolutionen der Kleidung nennen will; die wirkliche Reform wäre gar nicht möglich geworden, wenn Bewegungen wie *Arts* and *Crafts, Wiener Werkstätte, Vereinigte Werkstätten* und *Deutsche Werkstätten* nicht überhaupt erst die Augen dafür geöffnet hätten, daß es etwas zu ändern gäbe.

Man nennt so etwas heute Änderung des Bewußtseins. Dieses Modewort beschreibt aber nur die Endstufe eines Änderungsvorganges. Davor liegt die Änderung des Sichtwinkels, der Einstellung – und dazu haben Menschen wie *William Morris* und *Edward Burne-Jones, James Whistler* und *Charles Robert Ashbee, Otto Wagner, Josef Hoffmann, Josef Wimmer, Hermann Obrist, Richard Riemerschmidt, Bernhard Pankok, Peter Behrens, Bruno Paul, August Endell, Josef Maria Olbrich, Henry van de Velde, Alfred Mohrbutter, Maurice Denis, Edouard Vuillard* und *Alfons Mucha* unzweifelhaft beigetragen. In der Arbeit des ersten Couturiers *Paul Poiret* gipfelt diese Änderung.

Noch eine Novität sei in diesem Zusammenhang verzeichnet, der Einfluß von Fachleuten, die bisher mit Kleidungsproblemen überhaupt nicht befaßt waren, insbesondere der Mediziner und Sozialreformer. Damit wird aber neben der geschilderten Änderung der Einstellung auch neues Gedankengut eingebracht, also – um im Bild zu bleiben – eine Änderung des Motivs weit über das Abschwenken zu einem anderen Sichtwinkel hinaus bewirkt.

Schält man aus diesen Bestrebungen, die überwiegend der Frauenmode dienten und (seltener) Entwürfe für die (Männer-) Künstler selbst waren, die gemeinsame Tendenz heraus, so findet man unter oft wundersamen Verzierungen und wunderbaren Stofftexturen das alte Hemd.

Siehe »Hommage à Hedwig Buschmann« S. 117

Reform infolge politischer Änderungen

Neben den Reformabsichten, die von vornherein eine Änderung der Kleidung oder Mode im Auge hatten, also denen, die sie sozusagen nebenbei im Handgepäck mitführten, wobei ihnen die Reform auf anderen Gebieten wichtiger war, gibt es auch die Reform, die von Anfang an eigentlich gar niemand haben wollte. Nicht nur für die Kleidung, sondern sogar den ursprünglich beabsichtigten politischen Zweck gilt dies bei der Revolution, die für viele nachfolgende Pate stand, obschon sie zunächst eher eine Imitation amerikanisch propagierter Freiheitsideale sein sollte und manch eine (unglücklicher verlaufende) Revolution (auch in Deutschland) ihr vorausging. Gerade deutsche Revolutionen bedienten sich gern von vornherein äußerer »Abzeichen« in Form besonderer, meist aus der jeweilig unterdrückten Schicht stammender Kleidungsstücke, z.B. der »Bundschuh«.

Die Reform der Kleidung in der Französischen Revolution tritt als eher nebensächliche Folge in Erscheinung. Man hatte ja auch bei der Versammlung der Generalstände am 5. Mai 1789 weder eine Revolution vorbereitet, noch ein passendes Programm dazu. Wie sollte man da an Kleider denken. Als man die Notwendigkeit der *»Kleidung als Bekenntnis«* einsah, kam es eher zu einem halbherzigen Kompromiß: Man nahm am 15. Juli die Farben von Paris, Rot und Blau und trennte sie durch einen Mittelstreifen in der Farbe des Königs, Weiß; das war die Trikolore, die sich auch Ludwig XVI. (Hobby: Schlossern) umband! (Den folgenden wirklichen Kampf gegen den König eröffnete der Adel, nicht der Dritte Stand.)

Mit dem Wirbelsturm, den man gemeinhin mit der »klassischen«, der Französischen Revolution gleichsetzt, gingen allein durch Urteile des Pariser Revolutionstribunals und anderer »Sondergerichte« 16594 Köpfe verloren, dazu zeitweise Perücke, Reifrock und Korsett!

Gewonnen wurde neben anderem die lange Hose für Männer (Pantalon), aus der Arbeiter-Matrosentracht stammend. Ausgerechnet *Friedrich Wilhelm II.* hat sie salonfähig gemacht, indem er sie auf der Kurpromenade in *Bad Pyrmont* trug. Das paßt natürlich gar nicht ins revolutionäre Bild (wie dies so gelegentlich als Treppenwitz der Weltgeschichte zu geschehen pflegt); vielleicht sprechen deshalb manche die Urheberschaft dieses kaiserlichen Einfalls seiner Frau, der *Königin Luise,* zu, die ja wirklich eine modisch außerordentlich interessierte Frau war.

Die »Revolutionsmode« der Frauen geriet entgegen der Anleihe ihrer Männer bei der untersten Schicht, die noch nicht einmal einen der drei Stände bildete, eher ins Abenteuerliche. Man glaubt gelegentlich in den Kleidungsfolgen, die diese Frauenfreiheit erzeugt, Eigenverspottung zu erkennen oder mindestens eine karnevalistische Verkleidung. Und doch war es ernst gemeint, die vorher herrschende Kaste nach eigenem Vermögen recht und schlecht zu imitieren (das ginge vielleicht noch), besser durch Anhäufungen zu übertrumpfen.

Durch die Französische Revolution wurde das Konservative in der (Frauen-) Kleidung nicht hinweggefegt, sondern bewahrt. Was mögen wohl die Männer in ihren Arbeiterhosen von ihren aufgedonnerten Frauen gedacht haben? Wieviel der Beständigkeit der Machtstrukturen im Bereich von Kleidung/Mode mag durch die Französische Revolution Festigung, Beständigkeit und Entwicklung erfahren haben?

Perücke, Reifrock, Korsett waren sehr bald wieder da. Von da stammt die abwertende Bemerkung: »Frauen-Freiheit = Torheit.«

Diese Revolution ist auch ein Beispiel, in welcher Weise sich die Geschlechter (nach anfänglicher »Gleichheit«) zu emanzipieren dachten. Es war ein Graf, Mirabeau, der formulierte: *»Der schwarze Anzug* (des 3. Standes) *ist ein Ehrenkleid«* und Tressen und Schleifen (für Männer und bis heute) an die Lakaien verwies.

Zehn Jahre nur brauchte es, bis im Prunkprotz des Empire die männliche Emanzipation in der Kleidung unterging und ein Emporkömmling mit Namen Napoleon die Ausstattungslinie der Frauen absegnete.

Die deutsche Freiheitsbewegung (bei all ihrer romantischen Eigenbrötlerei) erklärte dieses Bild von Frankreich als Feindbild. Die Mode der Gecken sei nicht abwandelbar. Hier müsse man (auf andere Art revolutionär) mal Nägel mit Köpfen machen und alles Falsche ablehnen – und sich an den Vorfahren orientieren! In moralisierenden Anstrengungen wurde das Frühere für natürlich und gut angesehen – und so ist es gelegentlich ja heute noch. (Übrigens: Man wird einen späteren Reformer niemals richtig verstehen, wenn man ihn nicht vor diesem deutsch-nationalen Hintergrund sieht: *Hermann Muthesius*.)

Vergleicht man einmal die zufälligen Ergebnisse der Französischen Revolution mit Reformversuchen, die allein durch die individuelle Tatkraft eines einzigen Menschen und zudem noch einer Frau propagiert wurden, einer Mrs. *Amelia Bloomer* beispielsweise, die 1851 eine Hosentracht für Damen erfand, gerade von den Damen jedoch mit beißendem Spott dafür belohnt wurde, so wirkt das, was in jeder Modegeschichte als Wendepunkt dargestellt wird, eher nebensächlich (was es ja auch war) und kläglich.

Als spüre es als »Erzfeind« Frankreichs diesen Mangel, wird nachhaltig mit dem Kulminationspunkt Industrialisierung England die Führungskraft in tragbarer Mode übernehmen und etwas bis heute ungewöhnlich Langlebiges in der Mode schaffen, die »unauffällige Eleganz«, der sich selbst die aggressivsten späteren Reformer, wie Adolf Loos, nicht entziehen konnten. Frankreich dagegen rühmte sich, die erste (echte) Modezeitschrift herausgegeben zu haben; 1785 war das.

Man ist nicht berechtigt, die Französische Revolution mit einer Revolution der Kleidung gleichzusetzen. Erst die Zeit des Reformkleides (bezeichnenderweise führte sich ja nicht der Ausdruck Reformkleidung ein!) wird als Vorläufer für die eigentliche Revolution anzusehen sein. Parallel zu politischen und denkanschaulichen Umwälzungen werden im frühen 20. Jh. Kräfte frei, die sich prinzipieller mit dem Gebiet der Kleidung befassen und sehr viel revolutionierendere Vorschläge machen.

Daß die Verwirklichung dieser Ideen in fast analoger Weise zum Reformkleid scheiterte, sei vorweggenommen.

P. S. Lassen Sie mich anstelle der Französischen Revolution *Amelia Bloomer* den Ehrenpreis für Kleidung zuerkennen. Sie erhielt eine späte Rechtfertigung, als Couturiers (*Poiret* und *Paquin* in Paris und *Drecoll* und *Béchoff-David* in Berlin) den Hosenrock für ein paar Mutige vorschlugen. Die heftigste Ablehnung übrigens kam von den Redakteurinnen der (meinungsbildenden) Modezeitschriften. Ach ja, die Jahreszahl fehlt noch: das war 1911.

Zum ersten Mal wurden Amelia Bloomers Ideen ernsthaft diskutiert, als die Redakteurinnen wahrscheinlich kriegsverpflichtet »wichtigere« Arbeit leisteten, 1917.

In den letzten Jahrzehnten wird Frau Bloomer bestätigt, ohne daß noch jemand ihren Namen mit der (sichtbaren) Frauenhose verknüpft.

Exkurs: Ergänzende Notizen zur Französischen Revolution und ihren Folgen

Man sollte nicht meinen, welche Wichtigkeit bei und nach der Französischen Revolution die Frage hatte, in welcher Weise sich Volksvertreter zu kleiden hatten. Parallelen zur heutigen Zeit – denken wir beispielsweise an Kreisky in Österreich – sind evident.

Auf der Suche nach Vorbildern, die weder Samt und Seide der früher Privilegierten befürworteten (deren Abschaffung Mirabeau forderte), noch die früher diskriminierende, später etwas krampfhaft den zum Ehrenkleid des Bürgers erhobenen schwarzen Tuchrock bevorzugten, ist es nicht zufällig, daß man in den antiken Demokratien auch deren (mißverstandene) Kleidung sozusagen als Zeichen, wenn auch nur kurzfristig, übernahm. Ein Initiator dieser Mode war der Maler Jacques Louis David, der sogar Volksfeste unter seiner künstlerischen Leitung veranstaltete, an denen die Akteure in der von ihm propagierten Kleidung teilnahmen.

Die Menschen waren mit der Französischen Revolution frei geworden, aber ihre Freiheit preßten sie alsbald in das neue Diktat eines Wortes, das erst später erfunden werden sollte, der Mode.

So ist die Gesellschaft nach der Französischen Revolution wie zwangsläufig den Weg aller Gesellschaften gegangen, nämlich vom Praktisch-Nützlichen zum Dünkel, der sich in der Kleidung manifestiert. Allerdings scheint diese Entwicklung bei keiner Gesellschaft so schnell vonstatten gegangen zu sein wie in der, die sich revolutionär nannte.

Es gab sehr schnell formale (würden wir sagen) Auswüchse jeder Art. Im Namen der Gleichheit wurde (durch den Maler *Antoine François Sergent*) gefordert, daß es nur einen einzigen Kleidertyp geben solle.

Im Laufe des 19. Jahrhunderts ist die Männerkleidung immer zweckmäßiger geworden. Entgegengesetzt dazu geht die Entwicklung der Frauenkleider, die immer mehr auf »feudale« Vorlagen zurückgreift. So ist es zu verstehen, daß sich alsbald (vorwiegend in der Frauenmode) die Neureichen zur Distanzierung besondere Künstlerschneider zulegen, die sich andere Leute nicht leisten konnten. Hiermit ist die Grundlage für den Wechsel der Mode geschaffen, denn die Industrialisierung mit ihren ganz andersartigen Zielen läuft dieser Entwicklung zur Absonderung durch Kleidung entgegen, weil sie versucht, die Vorbilder möglichst ähnlich und mit möglichst geringen Mitteln zu imitieren und diese dadurch herabwürdigt. Aus dieser Zeit stammt das Wort, daß eine Dame nicht einen Hut tragen dürfe, den die Köchin tragen kann. Mit der Haute Couture ist meiner Meinung nach der eigentliche Beginn der Unterwerfung der Menschen durch Modediktate anzusetzen.

Dafür wird allgemein das Jahr 1858, in dem *Charles Frederick Worth* seinen Salon eröffnete, angesetzt. Mit dem Beginn der schnelleren Nachrichtentechnik wurde es möglich, Vorlagen unmittelbar nach dem Erscheinen und nur durch die Produktionszeit verzögert, ganz neuen Schichten anzudienen. Federführend dafür ist die 1842 in Berlin gegründete Firma *Herrmann Gerson*.

Natürlich mußte sich eine solche Entwicklung aus sich heraus immer mehr beschleunigen, so daß ein Hosenschnitt aus der vergangenen Saison bereits als Zeichen sozialen Abstiegs gewertet wurde.

Man kann sich den Gegensatz zwischen Mann und Frau, der bei den Damen auf eine Imitation einer feudalen Fassade hinausging, kaum surrealistischer vorstellen, als er war: Während die Damen in Rokoko-Roben kaum bewegungsfähig waren, finden wir den Hausherrn (nach den Worten Richard Hamanns) wie einen *»reich gewordenen Schlächtermeister im Straßenanzug des 19. Jahrhunderts mit einem Melonenhut wie der Kastellan dieses Schlosses, der die Führung übernimmt«*.

Die Führung, die zunächst der Adel, dann die Neureichen in der Mode hatten, geht sehr bald an die Königinnen der Demimonde über, so daß sich die paradoxe Situation ergibt, daß der geächtetste Beruf den Ton in der Mode angab und sich Heere von Frauen danach richteten (wenn auch nur äußerlich). Später übernahmen deren Aufgabe dann als unfreiwillige Mannequins die Schauspielerinnen des Films. Nunmehr gewinnt der Klatsch, was die oder jene getragen hat, die allgemeine Wichtigkeit einer »heißen Nachricht«: *»Sarah Bernhardt trug in der Premiere von Odette ...«*

Kleiderreformen in der frühen UdSSR

Der Beginn dieses Jahrhunderts und damit die frühe Zeit des Deutschen Werkbundes (ab 1907) ist eine Umbruchphase auf nahezu jedem künstlerischen und technischen Gebiet. Parallel und sich gegenseitig (oft in kämpferischen Auseinandersetzungen) befruchtend, verlaufen Entwicklungen, die wir gewohnt sind, als eindeutig mit eigenem Namen zu bezeichnen, so das Wirken der Einzelgänger *Adolf Loos* (Ornament und Verbrechen, 1908) und *Rudolf Steiner* (Anthroposophische Gesellschaft, 1912), den *russischen Suprematismus* (seit 1913), den *Dadaismus*

Zeichnung 39: Reformkleid mit einfachen Ornamenten von Aleksandra Ekster

(seit 1916), die niederländische Bewegung *De Stijl* (seit 1917), *das Bauhaus* (seit 1919) und den *Konstruktivismus* (seit 1924). (Parallelen in der Entwicklung der Kleidung: 1907: Heftige Ablehnung des Hosenrocks, 1911 »Humpelröcke«.)

Nur in diesem zeitlichen und geistigen Zusammenhang sind die Reformer in der frühen UdSSR zu verstehen. Sie meinten, in den politisch geänderten Verhältnissen einen geeigneten Nährboden zur Verwirklichung ihres Vorhabens zu finden. Alle diese aufgezählten »Bewegungen« hatten sich mehr oder weniger auch mit Kleidungsreformen beschäftigt, so daß wir die Entwicklung in der frühen UdSSR als beispielhaft ansehen können, auch bezüglich ihres raschen Endes.

Der konsequenteste Vertreter der funktionellen Richtung war *Vladimir Tatlin*, der sich systematisch mit Fragen der Kleidung beschäftigte. Er ging von den Eigenschaften der Materialien aus und nannte die Natur mit ihren funktionsbedingten Formen und Konstruktionen die beste Künstlerin. Ein von Tatlin entworfener Arbeiteranzug und -mantel, der 1924 in *Krasnaja Panorama* (rotes Panorama) veröffentlicht und kommentiert wurde, zeichnet sich durch seine wissenschaftlich erarbeiteten und hygienisch und ökonomisch begründeten Formen aus. Der Mantel ist so gearbeitet, daß er die Wärme besonders gut hält, der Schnitt so berechnet, daß er die Bewegungen nicht hemmt. Zwei austauschbare Futter sorgen dafür, daß der Mantel dem wechselnden Klima angepaßt werden kann. Er besteht aus drei Teilen, die bei Verschleiß ersetzt werden können. Der Anzug ist nach den gleichen ökonomischen und hygienischen Prinzipien konstruiert.

Dieser Arbeiteranzug wurde in der »Abteilung für materielle Kultur« am *»Institut für künstlerische Kultur« in Leningrad* (Inchuk) entwickelt und im Industriebetrieb *»Kleidung/Leningrad«* produziert. Tatlin hat diesen Anzug nicht nur selbst entworfen, sondern auch selbst genäht. Es gibt eine (leider schlechte) Fotografie aus dem Jahre 1924.

1925 entwickelte *A. N. Rodtschenko* einen selbstentworfenen Anzug in Form eines Overalls mit Armbündchen und geknöpftem Stehkragen sowie aufgesetzten Taschen und Lederborten an den Verschleißkanten. Die meisten der Experimente der Suprematisten, Rayonisten und Konstruktivisten blieben jedoch ohne Auftraggeber. Zu den Zielvorstellungen und den Wegen, die man einzuschlagen gedachte, ein Zitat von *P. N. Lamanova*:

»Daraus ergibt sich die Notwendigkeit, solche Kleidungsstücke zu schaffen, die in sich das künstlerische Gefühl für die Form, das unserer Epoche eigen ist, mit den rein praktischen Bedürfnissen unserer Tage vereinen. Im Gegensatz zur westeuropäischen Mode, die sich in Abhängigkeit von kommerziellen Erwägungen verändert, müssen wir unserer Bekleidung Erwägungen der gesellschaftlichen Hygiene, Bedürfnisse des Arbeitslebens usw. zugrunde legen. Es genügt nicht, einfach bequeme Kleidung zu schaffen, es sind neue, objektiv begründete Wege nötig, die eine richtige Kombination der künstlerischen Elemente der Bekleidung mit den Formen und Bestrebungen der entstehenden neuen Lebensweise gewährleisten. All diese Bedingungen erfordern gebieterisch die Anwendung von Methoden der künstlerischen Gestaltung und der praktischen Verwirklichung einer modernen Bekleidung im Dienste der Massenproduktion.«

Die Vorstellung von *»äußerst schönen, aber einfachen Kleidungsformen aus einfachen Stoffen«* wurde neben den bereits Erwähnten von zum Teil international bekannten Künstlern mitgeträumt, so *Kasimir Malewitsch, Ljubow Popawa, Olga Rozanowa, Warwara Stepanova, Elexandra Exter*. Es fällt der große Anteil von Frauen auf (meist Malerinnen), die sich mit Reformen der Kleidung beschäftigten.

Sie alle beabsichtigten (trotz gelegentlicher »elitärer« Entgleisungen) die Kunst mit Hilfe der industriellen Produktion unters Volk zu bringen. Parallelen zur westeuropäischen Vorstellung vom »Gesamtkunstwerk« sind augenscheinlich, wenn man liest, daß *»im Dienst der Masse das Leben* (dieser Masse) *vom Bildwerk bis zum täglichen Gebrauchsgegenstand neu zu gestalten«* sei. Die Arbeit in den staatlichen Studios für Kunst und Technik (Wchutemas), die 1920 begründet wurden, hatte methodische und formale Vorbilder im Bauhaus.

Johannes Itten hat 1921 eine Bauhaus-Tracht entworfen, die wie ein Mönchskittel aussieht (es gibt eine Fotografie davon). Offensichtlich spiegelt sich darin die Masdasnan-Anhängerschaft Ittens, die bis zum

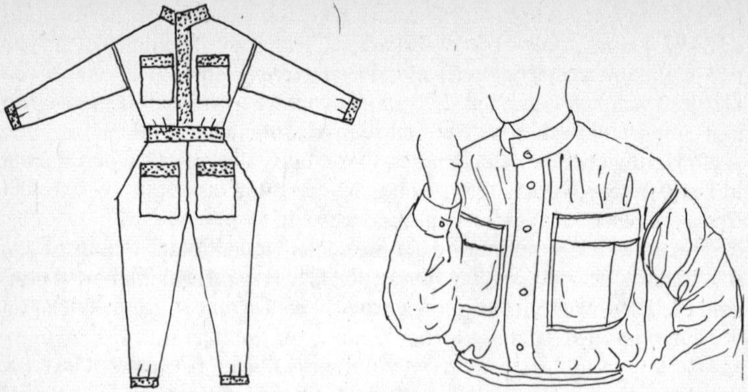

Zeichnung 40: Reformanzug von Aleksandr Ròdcenko

Zeichnung 41: Reformkleid von Nadèzda Lamànova

kahlgeschorenen Kopf ging. Das retardierende Element *Walter Gropius* erklärte jedoch, daß sich der Künstler durch seine Kleidung nicht von der Umwelt unterscheiden solle. Progressive Elemente in der Mode konnten sich erst wieder in der Ära *Hannes Meyer* durchsetzen, als man sich intensiver mit den Materialeigenschaften auseinandersetzte und Anforderungen (die wie heutige Tests aus Verbraucherzeitschriften klingen), wie Reißfestigkeit, Scheuerfestigkeit, Elastizität, Lichtdurchlässigkeit, Farbechtheit usw. aktuell wurden.

Obschon die Künstler der damaligen Zeit behaupteten, sich nicht von der Phantasie, sondern von rationellen Überlegungen leiten zu lassen, sind die Entwürfe mit ihren geradlinigen Teilen und Mustern in kräftig voneinander abgesetzten Stücken dennoch formal geprägter Zeitstil.

Übrigens: Schon 1923 wurde die funktionelle und bequeme Kleidung, die auf jeglichen Zierat verzichtete, kurzfristig von der westlichen Mode vereinnahmt. Heute gibt es Nachbildungen dieser Modelle – in Kunstausstellungen im Westen. Der Reformtraum selbst hat nur bis 1924 gedauert und galt dann als »entartet«.

Wer sich näher über die Arbeiten der russischen Kleiderreformer informieren will, dem sei die (italienische) Broschüre *»Moda e Rivoluzione«* von *Tatjana Strižènova*, Electa Editrice, Milano 1979 empfohlen. Sie enthält neben Arbeiten der vorstehend bereits Erwähnten solche

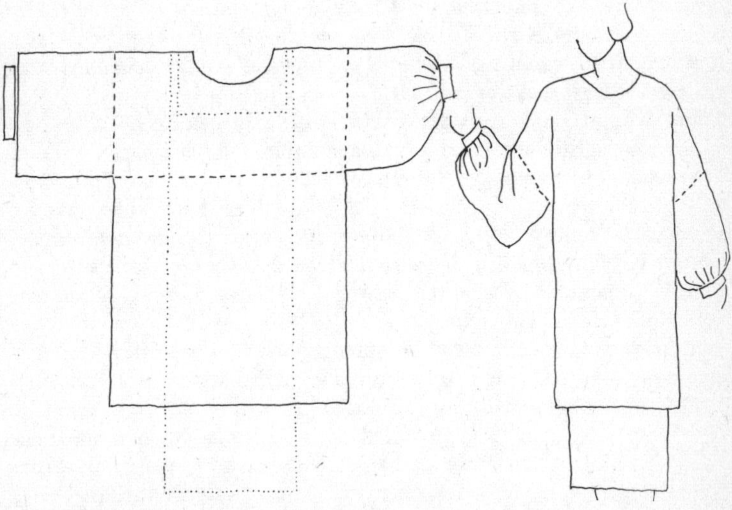

Zeichnung 42: Reformkleid aus geraden Teilen. Vera Mùchina. Schnitt und Darstellung nach den Originalentwürfen

von *Nadèžda Lamànova, Vera Mùchina, Evgènija Pribýlskaja, Nadèžda Makàrova.*

Seit diesem fehlgeschlagenen Versuch ist keine vergleichbar einheitliche Reformbewegung in der Kleidung mehr zu verzeichnen. Es scheint daher dringend geboten – trotz der Unzugänglichkeit vieler Quellen –, die wissenschaftliche Bearbeitung dieses Materials unter dem Gesichtspunkt »Kleidung statt Mode« vorzunehmen.

Reformen der Nachkriegszeit (DDR bis China)

Ein einziges Land in Osteuropa erhebt gelegentlich den Anspruch, erneut eine Reform der Kleidung durchgesetzt zu haben, die DDR. Die Absichten lesen sich so:

»Je weiter der Aufbau der sozialistischen Gesellschaft voranschreitet, um so mehr bestimmt aber der neue Charakter der sozialen und ökonomischen Beziehung die Gesetze der Mode.«

Dies die Theorie, die Praxis sieht ganz anders aus. So schreiben die Richtlinien für die Mode 1976 vom Modeinstitut der DDR eher eine kleinbürgerlich-volkstümliche Mode fest, die bei Kleidung zu besonderen Anlässen sogar großbürgerliche Attribute aufweist. Daß die vorgeschlagenen Modelle dazu außerdem katastrophal hausbacken sind, ist der Grund für ihre Nichtannahme durch die Bevölkerung.

»Um die gesetzmäßige Einheit von Ökonomie, Technik und Kultur realisieren und die utilitären, geistigen und ökonomischen Interessen aller Gesellschaftsmitglieder befriedigen zu können, wird den künftigen Modegestaltern von Beginn des Studiums an die gesellschaftliche Komplexität des Gestaltungsprozesses vermittelt.«

Die Grundgedanken in der Theorie (nicht in der Praxis) der sogenannten sozialistischen Länder bestehen darin, daß der einzelne Mensch sich aus dem Massenangebot das auswählen kann, was seiner Individualität entspricht und diese unterstreicht, so daß er damit einen eigenen Stil erzielen kann. *»Er erfindet immer neue Varianten, um seine Persönlichkeit zu unterstreichen. Voraussetzung sei, einen Geschmack zu entwickeln, emotional reicher zu werden…* (Slawa Saizew: Mode und Persönlichkeit. In: Sowjetfrau. Heft 2/1976)

In Wirklichkeit verhindert das ständige Schielen nach den Modetorheiten des Westens jeden Ansatz für eine reformerische Erneuerung.

Auf der anderen Seite des Ostblocks hat man in Rotchina versucht, mit einem Schlag das Problem Kleidung zu lösen, indem man jedem die gleiche Uniform, den europäischen Arbeitsanzug, verpaßte. Im Sinne einer Reform, die den Menschen und seine (Ur-) Bedürfnisse nicht unbeachtet läßt, kann dieser Notbehelf nicht als gangbare Lösung angesehen werden.

Die Meldungen über winzige Ausbrüche aus der Uniformierung zeigen, wie sehr wichtig den Menschen »passende« Kleidung ist. Wir dürfen uns an den Äußerlichkeiten nicht stoßen, in denen sich dies noch zeigt bzw. zeigen darf. Diese Signale, die bunten Schals, die von den chinesischen Mädchen getragen werden, sind wichtiger als Wandzeitungen.

»Sie sind lang, sie sind bunt, sie werden einmal um den Hals geschlungen, und die beiden langen Enden läßt man einfach baumeln. Die Enden wehen im Wind, das wärmt nicht, sondern sieht nur hübsch aus – ganz ohne ideologischen Sinn und ökonomischen Verstand. Aber die jungen Chinesinnen scheinen es zu lieben. Man sieht die Schals mehr und mehr. Weiß, grün und schwarz und weiß, rot und schwarz sind zur Zeit die Kombinationen, die zu haben sind. Einfarbig gibt es die Schals natürlich auch, aber in den Kaufhäusern sind die bunten am schnellsten ausverkauft.« ... Die Frage ist, wie lange dies so sein wird. Das ist das Problem der nächsten Jahre. Skeptiker sagen, die Führung wird es erfahren, was es heißt, der Mode freien Lauf zu lassen.« Der deutsche Nationalökonom *Werner Sombart* erklärte vor 50 Jahren: *»Die Mode ist des Kapitalismus liebstes Kind...«* Er wußte, an der Mode entzünden sich die Konsumwünsche der Massen.

Schon bald griffen Eiferer diese Formen der Individualität an.

»Sie gehen in chinesischen Städten mit Scheren gegen ausgestellte Beinkleider vor« und verbieten Leuten mit sogenannter *»seltener Kleidung«* den Zutritt zu Fabriken und Werksanlagen. Ein in der Pekinger *»Renmin Ribao«* erschienener Leserbrief beklagt ihre *»rüden Methoden«*.

Gemeint sind chinesische Beamte und Funktionäre, oft ältere Kader, die im Zuge einer in der Volksrepublik laufenden offiziellen Kampagne gegen die Kriminalität gegen alle Leute vorgehen, deren Kleidung und Äußeres nach ihrer Meinung schon die »degenerierte Moral« ihrer Träger verrät. So finde man, beklagen die Autoren des Briefes weiter, an Werkstoren Schilder mit der Aufschrift: *»Kein Zutritt für Personen, die seltsame Kleidung tragen.«* Und manche Firmenleitung trage Angestellte, die in bunter Kleidung, oder weibliche Arbeiter, die in kurzen Röcken zur Arbeit erscheinen, kurzerhand in die Abwesenheitsliste ein.

Sicherlich wird die in vieler Weise interessante Bühne im Fernen Osten noch manches Mode-Schauspiel in Zukunft zu bieten haben.

Was trugen die Revoluzzer?

Die Kleidung der Revolutionäre und politischen Reformer von *Marx – Lenin* über *Mühsam – Toller* war enttäuschend, bürgerlich bis reaktionär. Der Anzug der neueren Revolutionäre und Guerillas ist der »Kampfanzug« auch im Zivilleben. Sie entsprechen damit der Gewohnheit der Militärs. Es scheint, als hätten »die Massen« eher als ihre Führer einiges von dem gespürt, was »richtige« Kleidung bedeutet. Sie war ihnen auch wohl ein tägliches Anliegen, näher als die sonntägliche Theorie.

Anstelle vieler möglicher Zitate aus der Zeit um 1920 ein Aufruf aus *»Frohes Wandern«*:

»Treibt keinen Mummenschanz! Die schlichte, dauerhafte Kleidung schmückt euch am besten, und sie hält den Anforderungen der Fahrten stand. Jede Putzsucht wirkt nicht nur unfreundlich in der Horde selbst, sie stört auch nach außen. Nichts hat der Wanderbewegung soviel Schwierigkeiten bereitet als eine lächerliche Auftakelung, die von Burschen und Mädeln – auch solchen über 18 Jahren – zeitweilig geübt wurde. Wer draußen in der Natur den Menschen spazierenführen will, der soll keinen aufgeputzten Harlekin herausstellen. Einfachheit im Anzug zeugt von anständiger Gesinnung, und diese findet am ehesten offene Türen…

Für die Burschen ließ sich früher eine besondere Wanderkluft empfehlen. Für jetzt und die nächste Zeit wird die Beschaffung eines Rockes und der Kniehosen kaum möglich sein. Loden und Manchester sind, wie alle Stoffe, knapp und so teuer, daß die Jugend darauf wird leider verzichten müssen. Da sollte Rat geschaffen werden dadurch, daß ein schon abgetragener Anzug für die Wanderzwecke hergerichtet wird. Die Hosen sind ja doch oft genug unten zerfranst, so daß die Entscheidung, daraus Kniehosen zu machen, nicht allzu schwerfallen wird. Mit dem Rock hilft es sich dann leicht, wenn er den Hals ordentlich freiläßt. Ohne viel Mühen lassen sich einige neue Taschen anbringen, und alle können leicht zum Zuknöpfen eingerichtet werden.

Für die Mädel ist am praktischsten der sogenannte Herrgottskittel mit aufgenähten und zuknöpfbaren Taschen. Anschließend darunter ein fußfreier derber Rock, in welchem auch Taschen sein sollten, und Pumphosen. Diese ermöglichen nicht nur ein schickliches Tummeln, sie bewahren auch vor Erkältungen. Auf keinen Fall darf ein Korsett getragen werden. Das hindert die Bewegungsfreiheit, und es tritt vorzeitig Ermüdung ein, oder es zeigen sich andere Beschwerden, die zu Ohnmachten und Schlimmerem führen.« (Arbeiterjugendbewegung… Frankfurt 1978)

Man hat diese Forderungen nicht nur auf dem Hintergrund der sogenannten »bürgerlichen« Mode zu sehen, sondern muß auch berücksichtigen, was der Arbeiter früher getragen hat. Friedrich Engels hat sehr detailliert in »Die Lage der arbeitenden Klasse in England« die

Kleidung der unteren Schichten beschrieben. Leinen und Wolle konnten sich die Arbeiter nicht leisten. Der Baumwollensamt (Fustian) gab den Arbeitern den Spitznamen Fustian-jackets, den sie sogar als Bezeichnung für sich selbst verwendeten. Die Herren in Wolltuch wurden dagegen broad-cloth genannt, was dann allgemein als Bezeichnung für den Mittelstand übertragen wurde. Immerhin nötigte die Armut selbst die Mittelklasse, Flanell auf der nackten Haut zu tragen. Engels weist auch (schon 1845!) auf das Ungesunde der Kleidung hin.

Das irische Proletariat wird mit noch erbärmlicherer Kleidung geschildert: Lumpen, die nicht einmal mehr flickfähig waren. Thomas Carlyle hatte das schon fünf Jahre früher angeprangert.

Daher ist es kein Wunder, daß die Kleidervorschriften der späteren Arbeiterjugend sehr detailliert waren. Sie sollten zweifellos Vorbildwirkung haben und zu verhindern suchen, daß die Arbeiter einfach die übertriebene großbürgerliche Mode nachäfften.

Hommage à Hedwig Buschmann

Mit den Reformen nach dem Beginn dieses Jahrhunderts geht der Siegeszug einer Vokabel einher, die mehr auf Gebieten der Architektur und des Hausrats bekanntgeworden ist und heute wieder in Mißkredit gerät. Sie wurde aber auch für die Reform der Kleidung einmal formuliert, und zwar vom »Verband für deutsche Frauenkleidung und Frauenkultur« während des Ersten Weltkrieges: *»Über der Kleiderkunst steht als oberstes Gesetz das Gesetz der Zweckschönheit.«*

Diese Forderung läßt erhoffen, daß man sich mit den Materialien und Methoden, die Grundlage jeder Kleidung sind, auseinandersetzt. Zunächst aber geschah dies mit einem Rückgriff auf die italienische Renaissancemode, die als sinnvoll erkannt und variiert wurde. Sie bot, wie viele andere ältere Kleidung überhaupt, eine solide und vernünftige Grundlage, hatte sie doch schon ein Rezept für die Vermeidung des in Verruf geratenen, aber doch noch nicht für ganz entbehrlich gehaltenen Korsetts, nämlich Schultergürtel und Beckenring, wie an der Ornamentierung deutlich sichtbar.

Nur eine einzige Künstlerin dieser Zeit, Hedwig Buschmann, praktizierte auch die Theorie von der Zweckschönheit bis zur Materialehrlichkeit, Materialgerechtigkeit, Herstellungsgerechtigkeit. Sie kann die Mutter des Funktionalismus in der Kleidung genannt werden und ist den späteren Funktionalisten und Konstruktivisten, die auch Kleider entwarfen, weit vorausgeblieben.

Beschäftigt man sich mit ihren Forderungen, so ist man zur Charakterisierung ständig darauf angewiesen, Worte zu verwenden, die es in ihrer Zeit noch gar nicht gab. Der Zuschnitt galt ihr als unecht, weil er keine Achtung vor dem Material hat. Er galt auch als sinnwidrig, weil seinetwegen zuerst das Material zerschnitten, dann wieder zusammengefügt werden mußte. Neben der Schere versuchte sie auch ganz auf die Nadel zu verzichten, indem sie einfache Hemdkleidformen entwickelte. Auch das Futter hält sie für entbehrlich. Die Teile sollen einfach sein und flach zusammengelegt im Kleiderschrank untergebracht werden können!

Als ich mich, lange nachdem ich meine Kleidung gefertigt hatte, mit der Theorie der Kleidung auseinandersetzte und auf Hedwig Buschmann stieß, fand ich soviel Gleichheit, daß ich viel Experimentieren gespart hätte, wenn ich sie vorher gelesen hätte. Ich wollte unbeeinflußt von früheren Ideen meine Entwicklungen denken und realisieren und stieß nun doch auf eine so nahe Verwandte.

Nach ihren Forderungen werden Kleider nicht nur bequem, sondern auch wieder individuell drapierbar. Kleidung kann auf verschiedenste Weise angeordnet und variiert werden. Die scharfe Trennung von Unterkleid und darüber getragenem Schaukleid wird aufgehoben. Das Unterkleid kann auch allein getragen werden. Das bedeutet – wieder mit späteren Worten – die Gestaltung des Ganzen und nicht nur von Einzelteilen (wie der Fassade). Alle überflüssigen Verzierungen und Ornamente entfallen. (Das »reine« Kleid!) Auch die Einsparungen bleiben nicht unerwähnt.

Mit der Reform des Frauenkleides klopft Hedwig Buschmann aber zugleich an die Tür der Hersteller. Sie will nicht nur das Kleid, sondern auch die »Schneiderkunst« reformieren.

Insgesamt findet sie erstmalig für unsere Zeit zu einem *Gesamtprinzip*, das deutliche Tendenz hat, ein Universalkleid zu entwickeln, bei dessen Inanspruchnahme der Träger »mitbeteiligt« ist. Noch klarer verfolgt diesen Einzelgedanken Anna Muthesius – allerdings aus der Motivation, daß blanke Nützlichkeit nicht genügen könne.

Mit Hedwig Buschmann stehen wir auf der Schwelle einer Entwicklung, die heute noch nicht ausreichend ausgebildet ist; mit Worten der damaligen Zeit heißt das, *»die Kleidung mit seinen* (des Menschen) *inneren Forderungen und Werten in Beziehung und Einklang zu setzen«.* Daß das nicht mit Modezeitschriftenecken zum Selbermachen in Kaufhäusern geschehen kann, hätte uns Hedwig Buschmann sicherlich gesagt.

Die Argumente gegen Hedwig Buschmann kamen vorwiegend aus Frauenmund. Der Mensch täusche sich selbst über seine inneren Vorzüge, deshalb könne ihm nicht gestattet sein, sich darzustellen. Bei dermaßen individualisierter Kleidung fehle der Einklang mit den Forderungen der Zeit. Nicht jeder habe die erforderlichen künstlerischen Fähigkeiten. Mit wenig Erfolg verschwand bald das »Eigenkleid« im stillen Kämmerlein.

Reform kann nicht nur durch Bekämpfung, sondern fast eher noch durch Variation unterbunden werden. Noch einmal begegnet uns in diesem Zusammenhang ein Name, *Henry van de Velde,* der 1902 in seinem Kunstprinzip vorschlägt, daß die Frau zu Hause ja ihre Individualität in der Kleidung zum Ausdruck bringen könne, auf der Straße aber das Kostüm zu verallgemeinern habe, bei festlichen Anlässen eine Zwangstoilette zu tragen habe.

Die andere tödliche Variation, mit der wir es heute noch immer und auf vielen Gebieten zu tun haben, ist die Okkupation sinnvoller Ideen durch Technik, Massenfabrikation unter Eliminierung der wesentlichen Inhalte. So kann aus dem »praktischen« Kleid in »sinnvoller« Herstellung die Grundlage für Massenkonfektion und Wegwerfmentalität werden; in ähnlicher Weise sind die Gedanken des Funktionalismus auch auf anderen Gebieten geschändet worden, so daß man ihn gar zeihen konnte, die Grundlage für viele unserer heutigen Miseren darzustellen.

Zeichnung 43: Kaufhausmode 1983: Zerschnippelt und gestückelt

Im allgemeinen haben die Mahnungen wenig Eingang in Publikationen gefunden, die sich mehr mit Kleidung und weniger mit Mode beschäftigen, seien sie auch aus dem Munde berühmter Autoren gekommen, die nicht Couturiers waren. Es gibt auf diesem Gebiet noch eine Menge zu entdecken.

Der Künder der modernen Architektur, *Adolf Loos,* 1870–1933 (den man fast nur von seinem »Ornament und Verbrechen« [1908] kennt), ist als einer der großen Reformatoren weit über den Bereich der engeren Architektur hinaus bis hin zu Gebieten, die man heute Öffentlichkeitsarbeit nennt, zu entdecken. Er hat ab Ende des letzten Jahrhunderts zahlreiche Aufsätze, Rezensionen und Polemiken für Zeitungen verfaßt, die z. T. in den Bänden *»Ins Leere gesprochen«* und *»Trotzdem«* zusammengefaßt wurden, wobei die resignierenden Titel bereits auf den geringen Erfolg seiner Mahnungen hinweisen.

Das mag nicht nur auf seinen reformatorischen Eifer und seinen oft beißenden Spott zurückzuführen sein, sondern auch auf die unverkennbar sektiererischen Züge, die von seinen Adepten noch verstärkt wurden. Neben zahlreichen Beiträgen, die im Spannungsbereich Konvention/Ästhetik stehen und sinngemäß auch für Fragen der Mode und Kleidung gelten müssen, hat Loos sich einigemal ganz besonders, an vielen Stellen anderer Artikel aber auch mit nebensächlich scheinenden Querbezügen mit der Bekleidung (und ihrer möglichen Reform) auseinandergesetzt.

Ein Zitat (immerhin aus dem Jahre 1898) erschienen in der »Neuen Freien Presse«:

»Damenmode! Du gräßliches Kapitel Kulturgeschichte! Du erzählst der Menschheit geheime Lüste. Wenn man in deinen Seiten blättert, erbebt die Seele angesichts der fürchterlichen Verirrungen und unerhörten Laster. Man vernimmt das Wimmern mißbrauchter Kinder, das Gekreisch mißhandelter Weiber, den ungeheuren Aufschrei gefolterter Menschen, das Geheul derer, die am Scheiterhaufen starben. Peitschenhiebe klatschen, und die Luft bekommt den brenzlichen Geruch gebratenen Menschenfleisches. La bête humaine …«

Aber er bleibt nicht bei der Anklage, sondern versucht, tiefere Schichten aufzudecken, die »Bedürfnisse« erklären helfen:

»Man wird euch erzählt haben, daß die Schamhaftigkeit dem Weibe das Feigenblatt aufgenötigt hat. Welcher Irrtum! Die Schamhaftigkeit, dieses mühsam durch raffinierte Kultur konstruierte Gefühl, war dem Urmenschen fremd. Das Weib bekleidete sich, sie wurde für den Mann zum Rätsel, um ihm die Sehnsucht nach der Lösung ins Herz zu senken.«

Dabei meint man gelegentlich sogar Töne zu vernehmen, die heute geschrieben sein könnten:

»Und in der Ehe erhält die Frau durch den Mann ihre soziale Marke, gleichviel ob sie Kokette oder Fürstin gewesen ist. Ihre Stellung geht vollständig verloren.«

Während Loos für die Männerkleidung die Nachahmung der Massen in ihrem Drang nach Vornehmheit als Gefahr ansieht, wodurch »die vornehme Form« entwertet würde, beschreibt er die Frauenmode so:

»Ich will nicht weit zurückgreifen. Ende der siebziger und Anfang der achtziger Jahre strotzte die Literatur jener Richtung, die durch ihre realistischen Aufrichtigkeiten zu wirken suchte, von Beschreibungen üppiger Frauenschönheit und Flagellationsszenen. Ich erinnere nur an Sacher-Masoch, Catulle Mendes und Armand Sylvestre. Bald darauf wurde die volle Üppigkeit, die reife Weiblichkeit durch die Kleidung scharf zum Ausdrucke gebracht. Wer sie nicht besaß, mußte sie fälschen: le cul de Paris. Nun trat die Reaktion ein. Der Ruf nach Jugend erscholl. Das Weibkind kam in die Mode. Man lechzte nach Unreife. Die Psyche des Mädchens wurde zerpflückt und literarisch verwertet. Peter Altenberg. Die Barrisons tanzten auf der Bühne und in der Seele des Mannes. Da verschwand aus der Kleidung der Frau, was weiblich ist, um den Kampf gegen das Kind aufzunehmen. Sie log sich ihre Hüften hinweg, starke Formen, früher noch ihr Stolz, waren ihr unbequem. Der Kopf nahm durch Frisur und die großen Ärmel den Ausdruck des Kindlichen an. Aber auch diese Zeiten sind vorüber. Man wird mir einwenden, daß sich aber gerade jetzt die Schwurgerichtsverhandlungen über diese Verbrechen in der erschreckendsten Weise mehren. Gewiß. Das ist der beste Beweis, daß sie aus den höheren Kreisen verschwinden, um nun ihre Wanderschaft nach unten anzutreten. Denn der großen Masse stehen nicht die Mittel zu Gebote, sich aus jener Schwüle hinauszuretten.«

Diese Gedanken werden in einem Satz, wie an wichtigen Stellen bei Loos oft markant formuliert, so zusammengefaßt:

»Aus dem Gesagten geht hervor, daß die Führung in der Herrenkleidung der Mann inne hat, der die höchste soziale Position einnimmt, die Führung in der Damenmode aber jene Frau besitzt, die für die Erweckung der Sinnlichkeit das meiste Feingefühl entwickeln muß, die Kokotte.«

Die Gedanken über Grundlagen der Kleidung und die Rolle der Geschlechter gipfeln in der Feststellung, daß »die Frau in den letzten Jahrhunderten in der Entwicklung stark zurückgeblieben ist« und dem Schlüsselsatz für einen Reformansatz:

»Keine Kulturperiode kannte einen so großen Unterschied in der Kleidung des freien Mannes und des freien Weibes als die unsrige.«

Daß Loos' weitergehende Vermutung zur Änderung dieser Situation sich als nicht weiterführend im Sinn einer Emanzipation beider Geschlechter erwies, mindert die Bedeutung seiner Gedanken keineswegs. Wie konnte er, der glaubte, die wirtschaftliche Unabhängigkeit der Frau durch Arbeit löse automatisch dieses Problem, ahnen, daß die Mode doch mächtiger war und die Frau mit eigenem Einkommen desto stärker in ihre Fesseln nehmen konnte, ja umgekehrt sogar nur noch stärker in ihrer Macht wurde, je mehr Kapazität die von Frauen erarbeiteten Gelder freimachten.

Diese Zitate lassen insbesondere durch ihre Formulierung den falschen Eindruck entstehen, als habe sich hier ein Sektierer »am Rande« mit diesem Themenkomplex beschäftigt. Die Diskussionen in seiner Zeit zwischen Anhängern der Avantgarde über Themen der Kleidung müssen – auch ohne daß tatsächlich viel Material überliefert ist – allgemein gewesen sein. Loos bezieht sich z.B. auf Gedanken des Architekten *Gottfried Semper* (der ja 1871, ein Jahr nach Loos' Geburt, nach Wien berufen war und kunsttheoretische Schriften herausgab), wenn er von der Kleidung als Haut spricht.

Es ist außerdem erwiesen, daß Loos früh mit der Frauenbewegung in Berührung kam. Die Frau seines ersten Chefs, *Rosa Mayreder,* spielte infolge ihrer künstlerischen Erfolge als Malerin und Schriftstellerin eine bedeutende Rolle in der Frauenemanzipationsbewegung.

Neben den in selbständigen Schriften zusammengefaßten Beiträgen hat Loos sich in zahlreichen Zeitschriftenveröffentlichungen speziell mit Themen der Kleidung beschäftigt. Er ist damit zugleich ein Beispiel für die Architekten, die ihren Beruf nicht in den engen Schranken der eigentlichen Bautätigkeit ausüben, sondern ihn umfassender sehen und die sich nicht scheuen, Zäune einzureißen, die um ihr Arbeitsgebiet ängstlich besorgte Spezialisten aufgerichtet haben.

Ein anderer Wiener Architekt, *Josef Hoffmann,* 1870–1956, hat es nicht anders gehalten. In seiner Klasse (einer Fachklasse für Architekten!) an der Kunstgewerbeschule wurden Modeentwürfe gezeichnet. Einer seiner Assistenten erklärte (sicherlich im Sinne des Lehrers), daß »Architektur und der Entwurf eines Kleides aus den gleichen Schaffensvoraussetzungen« kamen. Einer der frühen erhaltenen Kleiderentwürfe Josef Hoffmanns trägt das Datum 1904. Seine wie Loos' Arbeiten über die Kleidung sind nahezu vergessen.

Es ist auch sicherlich nicht ohne Einfluß auf Loos gewesen, daß er als Architekt in Geschäftsverbindung zu dem Wiener K. u. K. Hofschneider *Knize* kam (das von Loos geplante Geschäft steht heute noch am »Graben« in Wien), dessen maßgeschneiderte Anzüge damals berühmt waren, weil sie bis zu den Accessoires abgestimmt, für Kunstwerke gehalten wurden. Worte im Sinne von »Eleganz« und »Vornehmheit«, die bei Loos immer wieder vorkommen, dürften auf solchem Hintergrund zu sehen sein.

»Gut gekleidet sein, wer möchte das nicht?« fragt er nicht fragend (»Neue Freie Presse, 22. 5. 1898) und erklärt als Gradmesser für die Kultur eines Staates, wie viele Einwohner sich »wie ein König« anziehen. Die Deutschen kommen bei seiner Kritik übrigens schlecht weg, weil sie »schönheitsdurstig« darüber diskutieren, ob Kleidung Schönheit einschließen kann.

Loos entwickelt sehr präzise, wie er sich korrekte (!) Kleidung vorstellt: *So angezogen zu sein, daß man nicht auffällt.* In dieser Hinsicht kann in seinen Augen auch ein Zylinder richtig sein.

Man kann an diesen (wie vielen anderen) Details erkennen, daß es ihm gar nicht darum zu tun ist, eine irgendwie andere Kleidung zu entwickeln, sondern daß er – und dies ist das Revolutionäre – erstmals Verbindlichkeiten herstellen will, eine Konvention, Etikette also (etwa auf der Grundlage der englischen). Die Unmöglichkeit des Ausgleichs regional verschiedener Auffassungen spürend, formuliert er sehr theoretisch: *»Ein Kleidungsstück ist modern, wenn man in demselben im Kulturzentrum bei einer bestimmten Gelegenheit in der besten Gesellschaft möglichst wenig auffällt.«* Für den Mittelpunkt der abendländischen Kultur setzt er London.

Diese gewünschte Konvention für sich genommen wäre jedoch nichts anderes als Mode, wenn sie nicht »eisernen« Bedingungen unterworfen würde. Zu diesen gehören – neben den erwähnten – Forderungen nach Einfachheit, Qualität, Ehrlichkeit usw.

Im Zusammenhang mit diesen kommt Loos auch auf das Problem des Wandels in der Kleidung zu sprechen. Seine Auffassung schimmert überall durch, daß es irgendwann eine unveränderlich-perfekte Kleidung geben müsse, die den Wandel entbehrlich macht. Mehrfach geißelt er den Unsinn, so bei Hüten, etwas formal anders machen zu wollen, wenn sich doch schon nahezu verbindlich gebrauchte Kleidungsstücke eingeführt haben.

So unterscheiden sich die Reformbestrebungen der beiden gleichaltrigen Architekten ganz wesentlich: Loos sucht mit der »Verbindlichkeit« weniger die Kleidung als die Menschheit zu ändern. Hoffmann will dies nicht durch einen »Prozeß« wie Loos bewirken, sondern durch Muster, Vorbild im traditionellen Sinne; das gute Ding wird einen guten Menschen machen, glaubt er.

Anhang 2: Kritische Beobachtungen

Das Spannungsfeld: Kleidung – Mode

Obschon es vor der Französischen Revolution schon schlichte vom Sport her bestimmte Kleidung gab, die englischen Einflüssen folgte, wurde erstmals mit dem Mittel Männerbekleidung der Teufelskreis durchbrochen, der dadurch entstand, daß die führende oder herrschende soziale Gruppe diktierte, was wer wo zu tragen hatte.

Ich meine weniger die direkte polizeiliche Einflußnahme durch die Kleiderordnungen, die bei uns seit *Karl dem Großen* bekannt sind (und die ständig wegen der allgemeinen Nichtachtung erneuert werden mußten), als vielmehr die Unterdrückung durch Konventionen, die aus dem Nichtberechtigten auch noch einen Nachäffer machten.

Es war etwas Ungeheuerliches geschehen: Ein neuer Stand hatte – emanzipiert und mächtig geworden – nicht die Mode der früher herrschenden Schicht übernommen oder imitiert (sich also »alte Hüte« aufgesetzt), sondern die Arbeitskluft gerade der am wenigsten Geltenden als Zeichen gewählt. So trägt heute der feine nadelgestreifte Herr, der seriös um Bankkredite bemüht ist und sich keinesfalls zu den Sansculotten (Männer, die keine Kniehosen tragen) zählen lassen würde, sinnigerweise die lange Hose der Knechte, nämlich die Pantalons.

Indirekt knüpfen die Männer der Französischen Revolution damit bei einer Einfachheit der Kleidung an, die als einer der wichtigsten Grundsätze noch heute gelten muß. Bis zum frühen Mittelalter hatte es nämlich keinerlei Differenzierung durch Kleidung für Alter und Geschlecht gegeben, und wir können vermuten, daß dies im germanisch bestimmten Norden auch für diejenigen galt, die zu »Fürsten« gewählt wurden. Erst mit der Heirat *Ottos II.* wird durch seine Frau der Byzantinismus (übrigens bis in die Kunst nachweisbar) importiert und imitiert.

Daß wirkliche Größe auch ohne Kleidermode auskommen konnte, dafür gibt uns Karl der Große ein anschauliches Beispiel, indem er sich der einfachen einheimischen (fränkischen) Tracht bediente, die aus einem leinenen Hemd, ebensolchen Beinkleidern, einem Rock und

Strümpfen bestand. Die Beine waren mit Binden umwickelt und steckten in Schuhen. Die römische Amtstracht soll er nur in Rom und auch nur auf Bitten des Papstes angelegt haben.

Die Aufzeichnungen des Mönches von St. Gallen über ihn sind aber noch aufschlußreicher. So wird erzählt, daß Karl sein prächtig gekleidetes Gefolge zur Jagd aufforderte und sich königlich amüsierte, als es mit zerfetzter Seide jammernd am Feuer saß. Er befahl, daß sie am nächsten Tag so, wie sie waren, zu erscheinen hatten, zeigte ihnen dann seinen bei der Jagd getragenen Schafspelz »von geringem Werte« und hielt ihnen eine donnernde Gardinenpredigt wegen ihrer Modeeitelkeiten in Purpur und Federn: »Oh ihr törichtsten aller Menschen...«

Leider ist ihm auf dem Gebiet der Kleidung die exemplarische Wirkung, die sonst sein Leben und seine Tätigkeiten hatten, versagt geblieben.

Viel später hat es eine Frau übernommen, sich den Zwängen der Mode zu entziehen. *Margarethe von Österreich,* die Statthalterin der Niederlande, ließ sich als einfache Bürgersfrau 1518 vom Bildhauer *Conrad Meit* porträtieren. (Bayer. Nat.-Mus. München) Ihr Haus war schlicht, enthielt aber große Kunst- und Büchersammlungen. Es scheint aber zudem auch schon immer ein »regionales Gefälle« zwischen einzelnen Ländern gegeben zu haben. *Machiavell* beschreibt Deutschland so:

»Der Grund, warum die einzelnen des Volkes reich sind, liegt darin, daß sie ohne Aufwendigkeit leben. Sie bauen nicht, sie machen keinen Staat, sie verwenden nichts auf Hausgeräte, es genügt ihnen, Überfluß an Brot und Fleisch und eine geheizte Stube zu haben, wo sie sich vor der Kälte schützen können. Und wer weiter nichts hat, lebt ohne die anderen Dinge und strebt nicht danach. Auf ihren Leib verwenden sie zwei Gulden in zehn Jahren. Jeder lebt nach seinem Rang in diesem Verhältnis, und keiner veranschlagt, was er entbehrt, sondern nur, was er notwendig braucht. Und diese Bedürfnisse sind viel geringer als die unserigen.«

Zu den gebietsweisen Ausnahmen zähle ich auch die Hofhaltungen *Josephs II.* und *Friedrichs II.* und die eher bürgerlichen Musenhöfe von Residenzen wie Darmstadt, wenn auch meist finanzielle Engpässe die Gründe für deren Tugenden waren.

Schiller formuliert die beiden für ihn gegensätzlichen Möglichkeiten der Lebensweise bei der Beschreibung adliger Familien so:

»....Niemand in der Familie trägt etwas, was nicht da gemacht ist. Schuhe, Tuch, Seide, alle Meubles, alle Bedürfnisse des Lebens und fast alle des Luxus werden auf dem Gute erzeugt und fabriziert, vieles von den Händen des Frauenzimmers, wie die Prinzessinnen in der Bibel und in den Zeiten der Chevalerie zu tun pflegten. Die äußerste Reinlichkeit,

Ordnung (selbst nicht ohne Glanz und Schönheit) gefällt dem Auge; von den Fräulein sind einige schön, und alle sind einfach und wahr, wie die Natur, in der sie leben. Der Vater ist ein wackerer braver Landjunker, ein trefflicher Jäger und ein gutherziger Wirt, auch ein burschikoser Tabakskompagnion. Zwei Stunden von da sieht man auf einem anderen Dorfe just das Gegenteil. Hier wohnt ein Kammerherr mit seiner Frau und neun Kindern auf einem hochtrabenden fürstlichen Fuß. Hier ist statt eines Hauses ein Schloß, Hof statt Gesellschaft, Tafel statt Mittagessen. Die Frau, ein vaporöses, falsches, intrigantes Geschöpf, dabei aber häßlich wie die Falschheit und übrigens voll von guten französischen Tons.«

Aus diesen wenigen Zitaten mag die enge Verknüpfung von Kleidung, Wohnung und Lebensweise hervorgehen. Diese Verbindung scheint mir wesentlicher als Bemühung um Abgrenzung von Mode (im Sinne von Modischem) und Kleidung (im Sinne von Sinnvollem).

Nur ein Hinweis sei der Ironie wegen angeführt: Mode, Modell, auch die ältere noch gelegentlich gebräuchliche Form Model kommt vom lateinischen modulus, das zunächst einmal »Maß« bedeutet, dann aber auch Maßeinheit bis zum Modus, dem absoluten Maß, der Vorschrift, Regel, Art und Weise ... beispielsweise wie man sich anzuziehen hat; wobei wir endlich wieder bei der Mode (allerdings ohne Maß) angekommen sind.

Ein mögliches Maß ohne Mode gilt es zu finden.

Anregungen für den Leser

Die Thematik Mode – Kleidung ist so vielfältig, daß im Rahmen eines Taschenbuches wohl kaum eine umfassende Abhandlung möglich wird. Daher werden dem Leser einige Gesichtspunkte zum Nachdenken anhand gegeben, die ihm einen ersten Einstieg zur weiteren Beschäftigung ermöglichen und die er nach seinen Vorlieben oder seinem Vorwissen ergänzen kann.

Die Aufstellung kann daher nur ungegliedert sein. Es ist auch nicht unterschieden, welche Gesichtspunkte eher für Mode als für Kleidung (und umgekehrt) zutreffen, weil die Aufdeckung von Abhängigkeit und Verknüpfung Thema dieses Kapitels ist. Die zu den Gesichtspunkten gegebenen Stichworte dienen lediglich der Anregung. Schon allein sie (gemeinsam mit anderen) zu vervollständigen, sollte Spaß machen. (Besser als Rommé oder Glotze.)

1. Die Begriffe in ihrer Abwandlung (z. B. Sprachgeographie), nach ihrer Herkunft (Etymologie) und Bedeutung (Semantik):

– von jemand angezogen sein	– behütet sein
– nackt dastehen	– auf der Hut sein
– ein moderner Mensch	– Dandy, Geck, Popper
– sich kleiden – es kleidet	– Plündern (Nordtirol)

2. Bezeichnungen für Kleidungsstücke (evtl. in historischem Kontext oder Bedeutungswandel): Weib, Dirne, Ober, Haube, Mütze, Kappe, Fibel, Stola, Surcot, Incroyable
3. Körperbedeckungen als individuelles Kennzeichen und als Zeichen für Gruppenzugehörigkeit: Japanerreisegruppe mit gleichen Mützen, Fankleidung, Kennzeichnung durch Kleidung (z.B. Hut und Filz = Beuys), Übernahme des Individuellen durch die Massen
4. Kleidung als schichtenspezifisches Merkmal: Arbeiter-Sonntagskleider, Feiertagskleidung beim Besuch der paradis des dames, Judenhut, Frauen-Männermode, Tendenzen zur Vermischung der Kasten (Sportkleidung)
5. Warum kann man heute keine Kleidung designen? Hut als Opfer des Funktionalismus, Aufsplitterung der entwerfenden Berufe und daraus entstehende Folgen. Können Fachleute heute noch allgemeingültig für alle entwerfen?
6. Etikette: Wann wird wo welche Kleidung getragen? Grußform (Hutziehen), Anstand und Kleidungsart, Abhängigkeiten von regionalistischer Gewohnheit (Skandinavierinnen im BH in der »Öffentlichkeit«)
7. Was kann Kleidung verraten?: (Wie trägt man einen Hut? Keck in den Nacken gesetzt, steif aufgesetzt oder schief...), Wie geht man mit seiner Kleidung um?
8. Kleidung als Statussymbol: Bowler für Banker, aber auch bereits der Arbeitshelm für den »Monteur« anstelle des »Arbeiters«, Jeans als Zeichen der Zugehörigkeit
9. Andere Länder (Zeiten) – andere Hüte
10. Herstellung/Material – Kosten und Preis
11. Kleidung in Kunst, Fotografie, Film und Karikatur
12. Kleidung als Werbemittel/als Werbeobjekt
13. Spezialkleidung: Kampfflieger, Schutzhauben, Stahlhelme, Astronautenkleidung, Rückwirkung auf Modetrends

Die junge Generation und ihre Kleidung

»Das steht jedem am besten, was ihm am natürlichsten ist.« *(Cicero)*

Es wäre einmal an der Zeit, über Barthes' »Système de la Mode« hinausgehend eine Kulturgeschichte der Modeworte zu schreiben.

Solche Worte geben zwar oft Aufklärung über geheime Wünsche oder Bestrebungen, die hinter den eigentlichen Äußerungen stehen; sie können auch, wenn der Anspruch und die Wirklichkeit weit auseinanderklaffen, entlarvend sein.

Eines dieser heutigen Modeworte ist *»locker«* im Zusammenhang mit Betragen und Kleidung. Locker ist derjenige, der unter einer Jacke ein T-Shirt trägt. In Wirklichkeit ist er für mich ein lockerer... – man verzeihe mir den »lockeren Ton«.

T-Shirt und Jacke haben in der Kleidung ihren Sinn jeweils im Zusammenhang mit anderen Kleidungsstücken. Das T-Shirt ist ein Unterhemd, die Jacke ein Oberbekleidungsstück. Nun kann man das T-Shirt ohne Jacke durchaus tragen wie ein Hemd, nicht jedoch die Jacke ohne Hemd. Dahinter steckt kein Kotau vor der Konvention. Das (täglich gewechselte) Oberhemd deckt mit seinem Kragen die Reibungszone zwischen Hals und Kleidung ab, die am meisten Schmutz annimmt. Wird es weggelassen, liegt der Jackenkragen am Hals an und ist innerhalb kurzer Zeit so schmierig, daß dies weit außerhalb der Grenzen liegt, die Diskussionen über Sauberkeit oder Lässigkeit zulassen. Die »Ersparnis« an (gewaschener) Wäsche wird mehr als wettgemacht durch den Aufwand für die (chemisch zu reinigende) Jacke.

Die Tendenz, weniger anzuziehen oder das nach außen zu kehren, was früher versteckt war, kann nicht allein durch den Wunsch nach Befreiung von Kleiderfesseln verstanden werden; ein T-Shirt ist bei warmem Wetter weniger luftig als eine lockere Bluse. In Analogie zu den Untersuchungen von Flügel scheint sich hier eine Tendenz zur Befreiung von der schützenden, aber oft auch als hemmend angesehenen Liebe der Mutter oder der vorhergehenden Generation insgesamt anzudeuten. Kleidung ist auf der einen Seite die wohltuende (von der Mutter gelieferte) Zuflucht, aber auch Hemmnis durch freie Bewegung verhinderndes (mütterliches) Einwickeln (in Windeln). Insofern könnte, diesen Gedanken folgend, das Reduzieren oder Abwerfen von Kleidung ein Symbol für den Wunsch nach Unabhängigkeit von der Mutter sein, um bei den strenggläubig Nackten unabdingbar mit der Natur verknüpft zu sein, der Mutter Natur!

Es ist nach meiner Auffassung im Grunde eher ein Kampf der jungen Generation gegen konventionelle Kleidung und deren Attribute (steif, unbequem), der zu spärlicher Kleidung führt, als eine bewußte Absetzung von den Idealen einer vorigen Generation, auch ihren sexuellen Tabus und Scheintabus.

Die schnelle und umfassende Verbreitung solcher und anderer Tendenzen (im fernsten Afrika schwitzen die Menschen in T-Shirts) ist neben dem an anderer Stelle zu schildernden Einsatz an Macht und Reklame durch den (wirtschaftswissenschaftlich so genannten) Mitläufer-Effekt gegeben. Dieses Zeichen unserer Zeit besteht darin, daß unter bestimmten Voraussetzungen die Nachfrage eines Konsumenten nach einem Gut steigt, je mehr diesem durch andere Konsumenten nachgefragt wird. Es gibt schon eine ganz stereotype verräterische

Antwort der (meist unausgebildeten) Textilverkäuferinnen auf die Frage nach der Qualität, nämlich *»das wird sehr viel gekauft«*, so, als sei Qualität von der Verkaufshäufigkeit abhängig.

Wir werden feststellen, daß die Tendenzen der Gleichmacherei und Massenhaftigkeit in der Mode aus verschiedenen Gründen vorherrschen und daß die individuelle Kleidung heute nahezu bedeutungslos geworden ist. Nur auf den ersten Blick erscheint nämlich das, was die Generation der 12–25jährigen trägt, praktisch, modeunbeeinflußt, sinnvoll. Man denkt dabei automatisch an Jeans, Parka und T-Shirt, Kleidungsstücke, die überall getragen werden, zu Sport wie Theater.

Es ist aber eher das Ungewöhnliche, das nicht den Konventionen der vorigen Generationen Entsprechende als die Art der Kleidung selbst, was uns diesen falschen Eindruck vermittelt. Denn die Kleidung der heutigen Generation – oft übernommen von denjenigen Älteren, die in irgendeiner Weise von »Jugend« oder »Protest« profitieren wollen – unterliegt im Grunde genommen genau denselben »Tendenzen«, dem Synonym für »Moden«, wie die Kleider derjenigen, gegen die angeblich aufbegehrt wird.

Wenn auch die Extreme der Mode nicht immer in Erscheinung treten, so sind doch deutlich »Bilder« von ihnen modebeeinflussend. Ein gutes Beispiel dafür sind die Jeans. Mit diesem Sammelbegriff ist eine meiner Meinung nach höchst unpraktische Hosenmode nur oberflächlich erfaßt. Oft sind es nur ganz unscheinbare Abwandlungen, die, den Jugendlichen ungeheuer wichtig, anzeigen, daß man das »Richtige« trägt. Einmal sind es die sichtbar getragenen Etiketten des Herstellers, die Designer-Jeans, dann die Übernahmen aus der »Cowboy-Mode« mit ihren Applikationen.

100 Millionen Status-Jeans wurden in ihrer kurzen Saison, die nur ein Jahr anhielt, verkauft, obschon das Etikett oft genauso teuer war wie die Hose selbst! In ganz ähnlicher Weise wird die Ledermode abgewandelt, wobei sich infolge des höheren Materialpreises auch entsprechende Profite ergeben.

Fein differenziert werden kann zwischen der wenn auch teuren, so doch auch diffamierenden Motorradfahrerkluft und den Bomberjacken, die für die feine Snobility modisch abgewetzt geliefert werden können. (Dabei scheut man nicht davor zurück, das Material zu zerstören; mit Bimsstein wird es geschliffen, mit Stahlkugeln gewalkt.) Diese neue Schäbigkeit kommt nicht von ungefähr. Seit nicht nur demonstrativ Opas Sakko mit notwendigen oder zur Verzierung aufgesetzten Flicken getragen wird, sondern auch schlottrige Schlafanzug-Pumphosen, ist Schäbigkeit eben »in«, also Mode.

Mit diesem künstlichen Materialverschleiß zur Preisaufwertung geht aber noch eine andere geheime Tendenz einher: Man kann sich mit diesen »alten Kleidern« Geschichte per Kauf aneignen, mit der man gar nichts zu tun gehabt hat. Mit den Bomber-Blousons wird der harte Einsatz, den sie ja offensichtlich hinter sich haben, eingekauft, wenn man auch bestenfalls mit ihnen in der Chartermaschine als Fluggast nach Palma de Mallorca gesessen hat.

Man meint, dies sei ein besonders extremer Einzelfall? Ein einziger Lieferant aus Paris hat 1981 damit 30 Millionen Mark Umsatz erzielt. Tendenz steigend. Daß durch diese Alterung das Leder wertlos wird und nicht einmal in den Regen kommen darf, spielt keine Rolle. Die Torheiten der vorigen Generation werden in der heutigen nur abgewandelt. Mit fremden Federn geschmückt bleibt sie so unmündig wie ihre Eltern. Nach den Fliegerjackets aus brüchigem Leder kann das technische Know-how leicht auf andere »Übernahmen« übertragen werden: Alpenländische Trachten-Spenzer und Bundhosen bieten sich für die kommende Saison an.

Mit den Jeans ist es ja nicht anders gegangen. Als bequeme Anzughose aus festem, billigem Stoff ist sie mit den armen Hungerleidern aus Europa nach dem nördlichen Amerika transportiert worden. An ihr klebt noch etwas vom Pioniergeist, den Entbehrungen, harter Arbeit, wenn man sie selbst in einer Form trägt, in der der Pionier, auf den man sich bezieht, wohl kaum hätte arbeiten können. Der Anstrich harter Arbeit kann also (nun nicht mehr billig) eingekauft werden, ohne selbst körperlich arbeiten zu müssen. Lieben deshalb die älteren Kopfarbeiter die Jeans so sehr?

Noch ein anderer falscher Eindruck sei korrigiert: Die Mode der heutigen Zeit scheint demokratischer denn je. Wirklich dient sie auch nicht mehr dazu, »gesellschaftliche Stände« im alten Sinne voneinander abzugrenzen. Dennoch ist sie eines der Hauptmittel geblieben, sozial zu diskriminieren. Dadurch, daß die Mode »die Jugend gewonnen« hat, hat sie diese Diskriminierung auch auf diese schwächste und anfälligste Bevölkerungsschicht ausgedehnt.

Das, was von außen so demokratisch infolge fehlender Kleidervorschriften (die z.B. einen Status kenntlich machen sollten) aussieht, ist im Grunde genommen die größte Manipulation zum Zwecke der Ausbeutung unter der Fahne kapitalistischer Freiheit. Man muß sich einmal Diskussionen in Familien anhören, in denen Kinder ganz diktatorisch eine bestimmte Jeansmarke fordern, die sich von preisgünstigeren nur dadurch auszeichnet, daß sie das Etikett des Herstellers oder Zwischenhändlers oder sogar irgendeines Stars, der sich dafür verkauft, offen sichtbar zeigt und deshalb mehrfach so teuer ist.

Es gibt also eine innere Diktatur, die mit Vorbild-Plakattafeln u.a. ganz bewußt auf die Manipulation einer schwachen sozialen Gruppe aus ist. Ich kann das nicht demokratisch nennen, sondern eher fernwestlichen Wildwuchs, der ja auch offensichtlich das untergeschobene Thema der Reklamen bildet.

Von wenigen (statistisch unwichtigen) Ausnahmen abgesehen, kann allein anhand der Umsätze der Bekleidungs-Textil-Industrie oder der Einzelhändler gefolgert werden, daß die überwiegende Mehrheit der Menschen in unserem Gebiet und mehr noch der Jugendlichen diesen Regularien ausgeliefert ist und sie kritiklos hinnimmt.

Mit den Studentenunruhen von 1968 wurde auch bezüglich der Kleidung ein für alle sichtbares Zeichen gesetzt, so daß dieser Zeitpunkt häufig als Datum für den Beginn einer anderen Denkungsart angesehen wird. Die Geschichte bedient sich gern solcher Daten, vielleicht weil man sie so in der Schule besser lehren kann. In Wirklichkeit begann die Auflehnung gegen Kleiderkonventionen (und nicht nur gegen den Zwang zur Uniform und Uniformierung) allmählich direkt nach dem Zweiten Weltkrieg, jedenfalls soweit ich es erleben und absehen konnte, in den westlichen Besatzungszonen zunächst als unmittelbare Folge der Beeinflussung durch den american way of life.

Man muß sich anhand kleiner Beispiele einmal vorstellen, was damals geschah und wie es einen ganz gravierenden Wandel in den Lebensgewohnheiten bewirkte. *»Eine deutsche Frau trägt keine Seidenstrümpfe und benutzt keinen Lippenstift.«* Sicherlich war das verordnet; aber es war auch jahrelang praktiziert, wurde als vernünftig angesehen.

»Man behandelt seine Sachen pfleglich«, und wenn Strümpfe ein Loch hatten, so wurden sie eben gestopft. Ich erinnere mich noch genau, wie ungläubig wir die Amerikaner beobachteten, die einfach das wegwarfen, was irgendwie unbrauchbar erschien, so ihre Strümpfe. Meine Großmutter bemerkte dazu: *»Die sind auch so minderwertig, daß man sie von vornherein wegwerfen sollte.«*

Ich bringe diese Beispiele, die ich zu langen Auflistungen ergänzen könnte, um zu zeigen, daß nach dem Krieg viel mehr geschehen ist als eine Gebietsveränderung, Aussiedlungen, Demokratisierung, nämlich eine Veränderung der Lebenseinstellung, die dadurch so schnell möglich war, weil sie in ein nicht nur politisches Vakuum stieß.

Es hat in den fünfziger Jahren zahlreiche und teilweise heftige und spektakuläre Ereignisse gegeben, die auch in die Gebiete der Kleidung hineinreichen. Ich erinnere mich noch der »Studentenunruhen« an der Darmstädter Hochschule, als die Uniformierung der Anhänger von Verbindungen zur Diskussion stand und wir protestierend in vollem Wichs (aus Klopapier) demonstrierten.

Was trugen »die Progressiven« damals? Eine Art Unterhemd (später T-Shirt genannt), weite Cordhosen, Baskenmütze, Sandalen ohne Strümpfe, Umhang brachte mir den Spitznamen »Agamemnon« ein. Aber wir (wenigen) waren ganz sicher, daß wir die Welt damit verändern würden. In welcher Weise sich T-Shirt und Cordhose vermarkten lassen, so daß sie 30 Jahre später geradezu Zeichen des Kommerz wurden, das hätten wir nicht im Traum gedacht.

In ähnlicher Weise eignet sich die Mode jede Tendenz an, soweit diese Aussicht auf leichten finanziellen Erfolg besitzt. Damit hat sie aber den Charakter ihrer Entstehung ganz wesentlich geändert. Haben früher einige diktiert und lanciert, immerhin aber im weiteren Sinne des Wortes »entworfen«, so ist (auch deutlich sichtbar mit dem Aussterben der wirklichen Couturiers) dieser Findungsprozeß jetzt insgeheim auf eine kleine Outsider-Gruppe in der Bevölkerung verlagert, die somit eigentlich die schöpferische Tätigkeit des Erfindens jedenfalls teilweise übernommen hat.

So läßt sich die Übernahme der Gammelkleidung aus den siebziger Jahren durch den Edelgammel in den achtzigern erklären. Aus Protest wird wieder Markt. Wie sehr sich dabei geschichtliche Entwicklungen in den Schwanz beißen, zeigt sich gerade am Herrenunterhemd »T-Shirt«, das mit allen möglichen Aufdrucken, so auch politischen Parolen, bedruckt werden kann: Bayerische Gesetzeshüter beanstandeten die Uniformierung unter Hinweis auf das Verbot, *»in einer Versammlung Uniformen, Uniformteile oder gleichartige Kleidungsstücke* (!) *als Ausdruck einer gemeinsamen politischen Gesinnung zu tragen«*. Daran hätte *Marlon Brando* 1952 ausgerechnet in »Endstation Sehnsucht« nicht gedacht, als er es salonfähig machte.

So lächerlich dieses Verbot sein mag, so ist es doch durch die deutsche Vergangenheit erklärbar. Überdies scheint es einen geheimen Drang zur Uniformierung zu geben: Jugendliche von Israel bis Skandinavien tragen »die Uniform«, zu der makabrerweise auch noch der feldgraue Parka gehört (selbst bei Kriegsdienstverweigerern).

Wenn wir auf diesem Fond nach Differenzierungen suchen, so muß uns bewußt werden, daß sie trotz der Auffälligkeit in unserer Umgebung zahlenmäßig unbedeutend sind. Viel bedeutender ist, daß es der Industrie, die hinter »der Mode« steht, endlich und nach vielen vergeblichen Bemühungen der Vergangenheit gelungen ist, durch die Kleidung der Jugendlichen die bisher abseits der Mode stehenden Männer unter ihr Diktat gezwungen zu haben.

Dies konnte unter anderen Gründen dadurch geschehen, daß man nicht etwa wie gewohnt formale Änderungen kleinerer Art an Herrenkleidung durchzusetzen versuchte, sondern daß die Kleidung an zeitgenössischen Vorlieben orientiert wurde. Ganz besondere Anregungen hat die Mode insofern vom Sport bekommen. Seitdem die Menschen immer weniger arbeiten, müssen sie immer mehr Sport treiben und dazu immer mehr verschiedene Kleidung tragen. Längst kann ein Waldläufer nicht mehr im Trainingsanzug laufen, sondern als Jogger bedarf er der Joggerkleidung.

Es schien anfangs so, daß bei diesem Bezug der Mode auf praktische Kleidung auch etwas vom Sinnvollen in sie eingegangen wäre. Sieht man aber einmal vom Pullover ab, der heute überall getragen wird, so sind es doch eher Äußerlichkeiten, deren Anklang gesucht wird und die alsbald modisch so verändert werden, daß die ursprüngliche Idee fast pervertiert wird (so z.B. nichtatmungsaktive »Monteuranzüge«).

Zudem wird gerade in der Sportkleidung ein neues, durch die Mode bedingtes Kastensystem auf der Basis Geld geschaffen und mit allen Mitteln am Leben erhalten, indem bestimmte Waren so verteuert werden, daß (bei extremen Verdienstspannen) nur eine bestimmte Schicht von Menschen sich diese Ausrüstung leisten kann oder die Nachäffer eben entsprechend bluten müssen. Was beispielsweise für Skianzüge gilt, setzt sich konsequent bis zur Skibindung fort.

Weitere zeitgenössische Anregung bezieht seit je und auch heute noch die Mode aus kriegerischen Auseinandersetzungen, den damit zusammenhängenden Verboten (so Einschränkung des Stoffverbrauchs in den beiden Weltkriegen) oder Solidarisierungen (so das sogenannte Palästinensertuch) und Spezialentwicklungen (so das gerade aktuelle Bomberblouson aus Leder).

Daß Kleidung im Militärbereich immer zweckmäßiger wird, ist wohl kaum jemandem ein Trost. Die Imitation des Militärischen bestimmte übrigens einen ganzen Lebenslauf. Eine unbekannte Modistin arbeitete in einem Lazarett, wo sie sich von den Jacken der Matrosen inspirieren ließ. Sie änderte sie ein wenig, färbte sie ein und wurde *Coco Chanel.*

Kleidung kann weit über geschichtliche Funktion der Einschüchterung (Prunkgewänder) außerhalb kriegerischer Veranstaltungen »Bedrohung« ansagen. Davon machen Jugendbanden Gebrauch, die ihre Kleidung weniger nach praktischen Gesichtspunkten als nach deren martialischem Aussehen kreieren. Mit der Jugend und den in ihr geweckten Ansprüchen ist der Konsummarkt Kleidung erheblich gewachsen. Das amerikanische Magazin *»Time«* gab 1967 den Titel *»Persönlichkeit des Jahres«* an *»die Jugend«* schlechthin, die in diesem Jahr zur stärksten Käuferschicht für alles Modische aufgestiegen war. (Die 15–19jährigen erwarben damals schon 60% aller Modeartikel.)

Die immer schnelleren Bocksprünge der Mode – oft genug hinkte die Phantasie hinterher – sollen hier nicht beschrieben werden. So schnell sie kamen, gingen sie oder wiederholten sich. Man mußte nur abwarten können. Die Anregungen wurden geholt, wo sie zu bekommen waren, vom Weltraumlook über zeitgenössische Kunst (Pop und Op) bis zum guten Dr. Schiwago. Das Mieder war auf einmal gefragt, dann wieder die BH-Losigkeit. Heute mußte man spindeldürr wie Twiggy sein, dann sollte man die Formen der Bardot haben. Romantik, Futuristisches, Konventionelles lösten sich mehrfach ab, ehe man alles irgendwie

Folkloristische ausschlachtete, so daß selbst die Eskimos nicht verschont blieben.

Zögernd zeigten sich Zeichen, dieser Internationalisierung zu entgehen; man begann wieder mehr regionale Trachten zu tragen (Dialekte zu sprechen usw.), ohne allerdings zu beachten, woher diese Trachten eigentlich kommen. Mehr, als bei den Generationen zuvor üblich, wird bei der Jugend Kleidung zum Signum. Sie zeigt dadurch nach außen hin ganz deutlich und unverkennbar, welcher Gruppe mit welchen (allgemeinen) Anschauungen sie zugehört oder zugehören will. Das geht gelegentlich so weit, daß eine Art Schuluniform entsteht, die Insider durchaus auseinanderkennen.

Diese Entwicklung hat in der Randszene der Jugendlichen, mit der wir uns nur der Vollständigkeit halber beschäftigen wollen, dazu geführt, daß verschiedene Moden nebeneinander bestehen. Da gibt es die Popper (farbige Latzhose, offene, lange Hemden oder bedruckte T-Shirts, Badeschuhe, Spiegelsonnenbrille), Roller (Elvistolle und 50er-Jahre-Look mit Jeans und Turnschuhen, die Mädchen mit Petticoat!), Snobs (schwarze Satinhose, rote Wildledercowboystiefel, Baseballjakken aus edleren Materialien, Dauerwellen) und Prolos (Motorrad, enge Jeans, verwaschenes T-Shirt), Punker...

In der letzten Zeit beginnt der Individualismus in der Kleidung wieder Fuß zu fassen. Man nennt diese meist aus sogenannten besseren Berufen stammenden Jugendlichen »Paradiesvögel« wegen ihrer persönlichen und nahezu modeunabhängigen Kreativität. Bei ihnen tauchen längst vergessen geglaubte Argumente wieder auf. So wollen sie dem Modediktat, dem dauernden Geldausgeben für Nutzloses entgehen, wieder eine »sensible Beziehung« zur Kleidung haben, nicht länger »vermassen«; sie bedienen sich gern des Angebotes im second-hand-shop (das gelegentlich schon aus erster Produktion stammt).

Zeichnung 44: Beispiel für frühe Vernunft: Jane Morris (1865) (Gernsheim Collection, University of Texas).

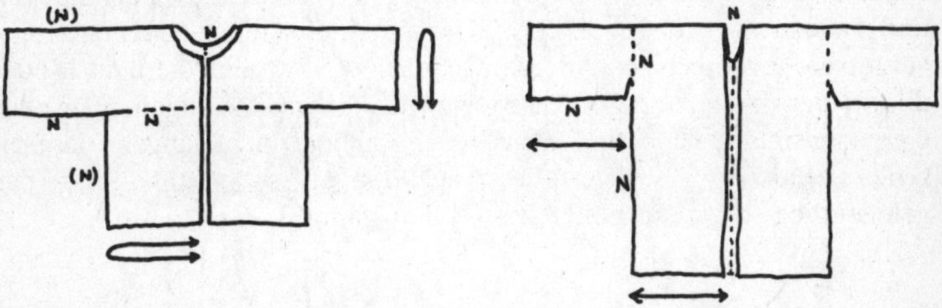

Zeichnung 45: Seit Jahrhunderten unverändert. Webarbeiten Freilichtmuseum Lillehammer auf Wikingerkleidung zurückgehend. Die Pfeile geben die Webbreite an. Die rechte Jacke ist unter der Achsel offen. Der Ausschnitt bei der linken Jacke wird nach Produktion der Teile vorgenommen.

Zeichnung 46: Königliches Hemd, einfach sinnvoll aus geraden Teilen: Hemd Gustav Adolfs, bei Dirschau 1627 getragen mit Rekonstruktion der Teile.

Zeichnung 47: Anpassung durch Raffung: Wollkleidung für Frauen. Bronzezeit (Jütland).

Foto 37: Sinnvolle Kleidung ist zeitlos. Norwegische Männerkleidung um 1700 (Nord. Volk. Mus. Oslo).

Foto 38: Kleidung mit Paßform, hier durch Raffung aus einfachen Stoffteilen. Lappland (Nord. Volk. Mus. Oslo).

Foto 39: Kleidung drapiert. Araber in Israel.

Macht und Wirkung von Kleidung

Unzweifelhaft gehört die Kleidung, obwohl versteckt, zu einem der stärksten Machtfaktoren, mit denen die Menschen zu rechnen haben. Man braucht dabei gar nicht an die schon Historie gewordene Machtdemonstration durch Kleidung, Konvention zu denken, die uns allen im Bild des »Königs« vor Augen steht, wobei wir ja nicht den (nackten) König selbst, sondern dessen Kleider meinen. Auch heute noch gibt es eine Vielzahl von Möglichkeiten, sich durch Kleidung abzusondern oder zusammenzuschließen. Die festliche Abendveranstaltung stellt den nicht genügend konventionell Gekleideten ebenso an den Rand wie den, der »overdressed« ist. Andererseits genügen oft schon kleine Zeichen, wie Schals in den Farben des örtlichen Fußballvereins, zur Solidarisierung der einen zum Ausschluß der anderen.

Wenn man die ganze Spannweite der Macht der Kleidung – die ja eigentlich Macht menschlicher Vereinbarung (oft ungeschriebener Art) ist – einmal überblickt, wird man trotz der angeblichen »Befreiung von Modediktat und Konvention« feststellen können, daß das Recht auf Individualität durch Kleidung noch weit von der Verwirklichung entfernt ist. Das mag daran liegen, daß die Kleidung nach wie vor eines der stärksten Bindemittel ist, das Mensch an Mensch knüpft.

Es ist »Zum-aus-der-Haut-Fahren«, wenn man bedenkt, wie schwierig es wird, aus dem, was die Haut Kleidung automatisch mitliefert, herauszukommen. Trägt eine gewisse Gruppe von Intellektuellen das schwarze Hemd als Protest gegen die Forderungen der Chemiesaubermacher oder zur Vertuschung des speckigen Kragens, so wird dies alsbald losgelöst von der ursprünglichen Haltung oder Motivation als Zeichen der Zugehörigkeit zu dieser Gruppe schlechthin; jeder, der mit einem weißen – selbst offensichtlich schmutzigen weißen – Hemd zu dieser Gruppe stößt, wird zumindest erst einmal beargwöhnt, ehe möglicherweise andere Zeichen als Kleidung, die wir mit unseren Sinnen abtasten können, sagen, daß er vielleicht doch zur Gruppe der Schwarzhemdträger gehört, obwohl er – seltsamerweise – ein weißes Hemd anhat.

Dieses Phänomen, dem sich keiner so leicht entziehen kann, findet ja seinen besonderen und oft zitierten Ausdruck in der Uniform, von der gesagt wird, daß Menschen uniformiert nicht dasselbe tun wie als Nichtuniformierte oder daß sie in Uniform imstande sind, eher Unmenschliches zu tun. Hier wird eine extreme Machtausübung durch Kleidung deutlich, wie sie in abgeminderter Form und in vielen Nuancen und Variationen im täglichen Miteinanderleben überall anzutreffen ist.

So kommt es, daß recht wenige Menschen stark genug sind oder den Mut haben, ihre Kleidung individuell zu gestalten und nach ihren ganz persönlichen Bedürfnissen auszurichten. »Dies bin ich« ist eben schwerer auszudrücken als »wir sind es«, besonders natürlich, wenn man nichts ist als »wir«.

Finden aber Menschen Gelegenheit und Stärke zur Selbstdarstellung, so sind sie niemals der Nachahmung – einer der wichtigsten geheimen Triebe überhaupt – durch andere sicher. Diese Nachahmung kann so weit gehen, daß sie Inhalte, die mit der Kleidung transportiert werden, unrechtmäßigerweise besetzt und benutzt. Das bekannteste Beispiel dafür ist die Anlehnung der früheren Kleidung der Kindermächen an die Schwesterntracht, womit insgeheim die den Schwestern entgegengebrachte Sympathie mit Hilfe der ähnlichen Kleidung auch auf die Kindermädchen gelenkt wurde.

Solche »unrechtmäßigen« Inbesitznahmen gibt es heute aber auch noch. Der Tourist, der sich in eine (wenn auch nur vermeintlich richtige) Alpenkluft kleidet, will sich dem Alpengebiet und seinen Bewohnern zugehörig erklären, er will in der Gemeinschaft der (angeblich) Berggewohnten unterschlupfen, auch wenn er nie einen Berg besteigt, sondern nur im Dorfgasthaus sein Bier trinkt.

Aber dieses Einschleichen geht noch viel subtiler und zugleich widersprüchlicher vor sich. Die Krachledernen, die ja niemals Volkstracht waren, sondern eine reine Erfindung des 19. Jh., und mit ihnen die alpenländische Mode gewinnt über die Touristen und ihre Läden wiederum Einfluß auf die Ortsansässigen selbst, so daß diese sich nach und nach immer mehr wie Alpentouristen kleiden.

Aus den Bindungen durch Kleidung auf Lebenszeit wird allmählich das zeitweise Sicheinschleichen in Gruppen mit Hilfe von Kleidung. Gab früher der Landbewohner seine Bodenständigkeit mit dem Ablegen seiner Heimattracht auf, wenn er verstädterte, so wird dieser prinzipielle Vorgang heute als eine Art Spiel auf Zeit möglich: Der Jäger schlüpft in den Nadelstreifenzweireiher, die Bremer Bürgersfrau in das Dirndl, ein Bundeskanzler unter die Elbschiffermütze usw.

Sie zeigen alles andere als sich selbst und können sich dennoch nicht verstecken. Kaum haben sie mit Hilfe der Tracht die Berge vereinnahmt, sind sie durch die roten Wadenstrümpfe schon wieder abgestempelt. Der Kleidung verdanke ich eines meiner überraschendsten Erlebnisse. Seit nunmehr zwei Jahrzehnten gewohnt, wie die Einheimischen meine alten Kleider (ausdrücklich: meine eigenen und nicht die von anderen diktierten) aufzutragen, saß ich auf der Bank vor meiner abgelegenen Hütte, als eine Reihe von Touristen über die Alp auf mich zukam. Der einheimische Bergführer sagte ganz erstaunt im Landesdialekt: »Ich wußte gar nicht, daß die Alm wieder bewirtschaftet ist.« Er hatte mich für einen Einheimischen gehalten.

Es ist eigentlich ganz gleichgültig, welche Art von Kleidung man für eine bestimmte Gruppe wählt, damit sie »gemeinsame Sache macht«. Wird ein Bowler ursprünglich für die reitende Herrenschicht kreiert, so kann er später das Zeichen für französische Impressionisten oder Londoner Banker werden. Selbst Erfindungen von Nationaltrachten, wie die tschechische Czamara, können zur Unterstützung einer als gemeinsam angesehenen Sache dienen, diese fördern, sie im Extremfalle sogar begründen.

Aus diesen Bindungen und Verbindlichkeiten vermögen wir selbst dann nicht auszubrechen, wenn wir Kleidung als einen ganz persönlichen Ausdruck eines bestimmten, unverwechselbaren, nichtaustauschbaren Individuums schaffen. Was wir jedoch bewirken können, ist die Stärkung des einzelnen. Kleidung ist im höheren Maße Teil des Körpers, wenn ihr Entwurf, ihre Anpassung an den Körper und möglichst auch ihre Herstellung durch denjenigen übernommen wird, der sie trägt.

Damit folgt auch eine Verstärkung der Rückwirkung, die von der Kleidung auf den Menschen ausgeht. Philosophen subtilerer Zeiten haben formuliert, daß Kleidung als Teil des Leibes auf die Seele zurückwirke. Das ist für heutige Zeiten schwer verständlich zu machen, wo die Wirkung der Kleidung auf sehr vordergründige Art eingeschränkt wird. So »paßt« die Kleidung, ist *»bequem«, »modisch«,* und *»man fühlt sich einfach in ihr wohl«.*

Dieses »Sichwohlfühlen« öffnet uns noch am ehesten die Tür zu versteckten oder verlorenen Räumen. Man fühlt sich dort wohl, wo man (in der einem selbst entsprechenden Art) Wohnung genommen hat. Mit diesem Bild aus dem Bereich der dritten Haut des Menschen, der Wohnung, finden wir zugleich Bezeichnungen, die wir auch auf die Kleidung übertragen wollen, so etwa, daß eine Wohnung »gemütlich« ist.

Mit dem Wort »Gemüt« haben wir eine Tür aufgetan, die möglicherweise auch in den Bereich des Seelischen führen kann, wenn wir formulieren, daß Kleidung mit unserem Gemüt (und mit dieser Wortbedeutung wird plötzlich auch der Charakter und das Charakteristische eines Menschen einbezogen) übereinstimmt und auf unser Gemüt wirkt.

Vielleicht wird das, was für mich so schwer zu erklären ist, weil mir als Kind dieser Zeit ja auch nur Ahnungen davon geblieben sind, deutlicher, wenn ich ein Beispiel aus einem anderen Bereich zitiere, bei dem in ähnlicher Weise Dinge und Körper miteinander verbunden sind.

Benutzt man für eine Tätigkeit ein Werkzeug, sein Handwerkszeug (!), so geht davon, selbst noch in Resten bei mechanisierten Werkzeugen spürbar, nicht nur etwas vom Körper auf das Ding über, sondern auch vom Ding auf den Körper, und zwar über den Bereich der Empfindung durch Berührung in den der Empfindungen. Einem Maler brauche ich dies nicht zu erklären; er kennt Wirkung und Rückwirkung dieser Art, wenn der Farbpinsel über den Malgrund streicht.

Jeder von uns wird die Wirkung der Kleidung auf den Menschen spüren, wenn er etwa aus Konventionen gezwungen ist, steife »korrekte« Kleidung zu tragen und dann »ein ganz anderer Mensch wird«, wenn er in lockere Freizeitkleidung schlüpft. In noch viel stärkerer Weise kann man sich diese Wirkung vergegenwärtigen, wenn man einmal »unpassende« Kleidung trägt, und sei es auch nur den Schlafanzug als Hausanzug: Manche mit Bettlust verbundenen Gefühle stellen sich wie eine heimliche Sünde ein, und es gibt durchaus Menschen, die diesen kleinen Nervenkitzel (unbewußt) genießen. Das bei Hausfrauen oft zu beobachtende Herumlaufen in Unterwäsche gehört ganz sicher hierher und nicht ausschließlich in das Gebiet der Nachlässigkeit, gar nicht das der Bequemlichkeit (jedes lockere Hemdkleid wäre bequemer).

Man mag diese persönliche Philosophie für überflüssig halten; ganz unzweifelhaft ist jedenfalls die Rückwirkung von Stoffen (ob Seide oder Baumwolle) und Kleidungsformen. (Weit schwingend oder trikotanliegend.) Wer dies nicht glaubt, mag sich einmal eine ägyptische Galabiya anziehen, oder als Mann einen Glockenrock. Nicht umsonst sind die frühen Emanzen in Männerkleider gestiegen, womit sie etwas von der Überheblichkeit und dem Selbstbewußtsein, das sie dieser Kleidung zuschrieben, abbekommen wollten.

Mediziner behaupten, daß *»die Sensibilität des Nervenapparates«* bei

Frauen verfeinert sei gegenüber dem des Mannes, so daß sie in der Lage seien, viel subtilere Eindrücke von der Kleidung her in ihr Bewußtsein gelangen zu lassen und daß Männer diese *»geheime Sprache des weiblichen Geschlechts«* bestenfalls halb verstehen können. (Vielleicht wird das aber heute selbst schon von Frauen, die jede geschlechtsspezifische Unterscheidung ablehnen, als Diskriminierung empfunden.)

Das Mittel der Verfremdung durch Kleidung habe ich anläßlich einer Hutausstellung im Institut für *Neue Technische Form* im Jahre 1982 in Form einer Fotoaktion benutzt. Als räumliches Bindeglied zwischen den Besuchern und dem Ausstellungsgut wurde ein Fotostudio eingeschaltet, in dem sich Prominente, die ja ohnehin gewohnt sind, stellvertretend für andere zu handeln, mit Hilfe einer Polaroidkamera mit dem von ihnen aus der Sammlung ausgewählten Hut auf dem Kopf fotografieren ließen. Alle Fotos wurden unmittelbar nach Herstellung aufgehängt. Ein Effekt dieses Ausstellungsereignisses war die gleichzeitige Verfremdung und Selbstcharakterisierung des Prominenten.

Bei einer Ausstellungstafel anläßlich der gleichen Ausstellung wurden 16 Hüte aus der Sammlung, die besonders unterschiedlich sind, von etwa 6 physiognomisch ganz unterschiedlichen Menschen, die aus verschiedenen Schichten stammen, getragen. Die Fotografierten sollten ihren Gesichtsausdruck möglichst wenig verändern.

Die Fotos waren in Zeilen (mit dem jeweils gleichen Gesicht, aber den verschiedenen Hüten) und in Spalten (mit dem jeweils gleichen Hut, aber den verschiedenen Gesichtern) in Form eines Schemas angeordnet. Dieses konnte in den Überlegungen der Besucher zu einer im mathematischen Sinne unendlichen Matrix ergänzt werden.

Die Fototafel war ein Ansatz für die ernsthaft-spielerische Beschäftigung mit dem Kleidungsstück Hut und sollte Aufforderungscharakter für den sensiblen Ausstellungsbesucher haben, ihm Fragen stellen, wie »Anderer Hut – anderer Mensch?« oder »Was überträgt der Hut auf den Träger«...

Ich habe gerade das Beispiel Hut gewählt, um zu zeigen, daß selbst ein heute wenig gebräuchliches Kleidungsstück immer noch eine starke Wirkung ausübt, auch wenn wir gar nicht mehr daran denken.

Man könnte eine ganze Entwicklungsgeschichte des Menschen nur an der Kleidung darstellen. Besondere Stationen wären die Vielzahl von Kleiderordnungen, die alle in kürzester Zeit von den Menschen durchbrochen wurden, die Kleidung, die Umwälzung und Revolutionen (Bundschuh, lange Hose) begleitete, Stände aussonderte, Menschen auch.

Ein besonderes Kapitel – für das dieses Buch manche Anregung geben kann – wäre die sogenannte Demokratisierung der Mode, besser die (angebliche) Befreiung von (einem) Modediktat, das zum Fallen in neue Knechtschaft eines (Markt-) Diktats führte, sowie Möglichkeiten, die zum wirklichen Freiwerden führen können, zu beschreiben, so wie ich dies mit einer (meiner) in diesem Buch tun will.

»Die Mode ist in der Tat eine verkannte Weltmacht« (René König). Suchen wir uns so bald wie möglich von ihr (wie von anderen) zu befreien.

Mode und Markt

Wenn ich von der Befreiung spreche, die dem Menschen mit Hilfe seiner ihm eigenen Kleidung möglich ist, so kann dies nicht als eine bedeutungslose Spekulation auf einem besonderen Gebiete angesehen werden. Vielmehr ist diese Selbstbefreiung einzubinden in viele Bestrebungen ähnlicher Art auf anderen Gebieten; man nennt das heute Partizipation und meint damit die Aneignung des Wohnraumes und der Wohnumgebung durch die »Nutzer«. Insofern ist die Beschäftigung mit dem Thema Kleidung beispielhaft.

Sie wirkt überdies in Bereiche hinein, die auch für die zitierten anderen Gebiete gültig, mit Kommerz, Wegwerfideologie usw. kritisch bezeichnet werden. Nicht umsonst wird die Mode »des Kapitalismus liebstes Kind« (Sombart) genannt. Ein hoher Anteil des durch Arbeiten gewonnenen Geldes wird heute der Göttin Mode geopfert, das will heißen, der Lohn meist saurer Arbeit wird verschleudert.

Die Hüter solcher unmenschlichen Systeme brauchen nicht die Alternative zu fürchten, die sich in neuen, eben anderen Gruppen formiert. Die werden mit Hilfe derselben Strukturen wieder vereinnahmt werden können. Die Gefahr für dieses System ist der einzelne, der tut und auffordert, nicht nachzuahmen.

Wie immer in solchen Fällen, wird »die soziale Frage« ins Spiel gebracht und mit Arbeitsplatzverlusten gedroht, wenn man mit bloßer Hilfe der Vernunft die Unvernunft bekämpfen will. Nach dieser Methodik mußten wir zuerst unseren Energiebedarf von Kohle auf Öl umstellen, dann Öl sparen und überdies den Abbau der Überkapazität in den Raffinerien auch noch finanzieren, alles ohne jemals etwas von »sozialen Fragen« gehört zu haben.

Dabei sind alle Bestrebungen, die auf Einschränkung und Bescheidung gegründet sind, unabhängig vom nichtmateriellen Wert für das Individuum und zur wirklichen Demokratisierung der Strukturen nicht in Einzelbetrachtung aus dem Kreislauf Mensch–Produktion–Produkt herauszulösen. Verbraucht der Mensch weniger, wird er sicherlich weniger brauchen und produzieren müssen; er braucht aber auch weniger zu arbeiten.

Es ist ja nicht die vorgeschobene »soziale« Komponente, die eigentlich durch vorgeschlagene Änderungen dieser Art betroffen ist, sondern der andere Faktor, der Wirtschaft ausmacht, das investierte Kapital. Dies ist natürlich beeinträchtigt, da nicht »vollausgelastet« = gewinnmaximiert. Aber wessen Schutzbedürftigkeit liegt hier eigentlich vor?

Man darf – wie es häufig in Diskussionen geschieht – dieses »arbeitende Geld« nicht nur im Bereich der »arbeitenden Maschinen« suchen. Gerade die Mode ist ein Beispiel dafür, daß das Geld und weniger der Inhaber auch im Bereich der Verteilung, des Marktes »arbeitet«. Wenn die nichtemanzipierte Frau wieder einmal zur neuesten Bluse in den »Modefarben der Saison« greift, bereichert sie eine ganze Kette von Leichtverdienern, die überwiegend von Kleidung nicht die geringste Ahnung haben. Die eigentliche Arbeit, die sich in durchgehend hundsmiserabler Verarbeitung ausdrückt, ist der kleinste Posten beim Endpreis. Auch der Tuchhersteller muß sich mit einem seinem Risiko entsprechenden kleinen Verdienst begnügen. Verdient wird da, wo nicht produziert wird, sondern nur investiert, um an die Bluse aus dem Entwicklungsland ein Etikett mit einer Null mehr vor dem Komma anzuklipsen.

Insofern ist Mode heute die Nachfolgerin der Arbeiterausbeutung bei Beginn der Industrialisierung. Da sich die Menschen auf die primitive Form der Ausbeutung nicht mehr einlassen wollten, entwickelte man Strukturen subtilerer Art, um die Ausbeutung in viel größerem Maße weiterzubetreiben. Menschen aller Länder, vereinigt euch gegen die Ausbeutung durch Mode!

Jahrhunderte sind die Menschen ohne das System dieser Ausbeutung gutgekleidet fertiggeworden. Ihre Leistungen fordern uns heute noch (in den Museen) Respekt ab. Erst in der Mitte des 18. Jh. beginnt der eigentliche Handel mit fertigen Kleidern. Erst mit dem Verlust der optimierten Ausbeutungsmöglichkeit durch Lohnarbeit tritt mit dem Symbol des großen Kaufhauses die Ausbeutung und Verdummung durch Mode. Es ist Zeit, ihr ein kurzes Leben zu bereiten. Es ist nicht tröstlich, daß dieser Verdummung gerade die am meisten unterliegen, die angeblich »hohe Ansprüche« (an das materielle Leben) stellen, die sich also selbst am nachhaltigsten betrügen. Sie sind geradezu der Motor für die Beschleunigung der törichtsten Änderungen.

Derjenige, der Geld hat und dies auch zeigt, will sich vom Haufen der anderen unterscheiden. Was liegt da näher, was ist eigentlich simpler, was erfordert geringeren (geistigen) Aufwand, als daß er dies durch Kleidung tut? Da der Haufen ihn alsbald nachäfft, ist er genötigt, wie ein gehetzter Hase immer Neues zu finden, »Novitäten« (Nouveautés) sagt man, um den Abstand zu halten.

Dies ist nur eine sehr pauschale Beschreibung eines veranstalteten

Modellwechsels. In Wirklichkeit geht er sehr viel differenzierter vor sich. An die Stelle der wirklich Reichen treten diejenigen als lebende Modeveranstalter, die eigentlich gar nicht in der Lage sind, diese Rolle infolge ihres Verdienstes auszuüben; insbesondere ist dies für Frauen aus untergeordneten Berufen fast typisch. Ich kenne Fälle, in denen Frauen nahezu ihr gesamtes Geld für die jeweils neueste Mode ausgeben, ohne daran etwas Besonderes zu finden.

Es hat ganz klein mit der Errichtung großer Paläste angefangen, Handelspaläste nannte man damals anspruchsvoll, was heute schon zutreffender Konsumfalle genannt wird. Und es hat auch – gefährlich – volksnahe begonnen: Jeder, der mit dem Pfennig rechnete, sollte sich im Luxus wähnen.

Es ist nicht bekannt, ob die grassierende Krankheit, die man Kaufwut nennt (und die das zutreffende Geschlecht hat), schon vor Errichtung der Konsumkathedralen aufgetreten ist. Ich stelle mir vor, daß der Beginn für die Epidemie aber passend auf diesen Zeitpunkt gelegt wurde, ab dem sich nicht nur jeder, auch die kleine Frau am Konsum beteiligen durfte, sondern auch eine angebliche Freiheit eingeführt wurde, die Vermeidung psychologischen Kaufzwangs, das Umtauschrecht u.ä. Fallen.

Jetzt konnte Kaufen zur Lust werden, sogar unbeeinträchtigt vom schäbigen Anblick der Garderobe armer Leute; die zogen nämlich zum Kaufhausbesuch extra ihre Festtagsgarderobe an, wie kein geringerer als *Gustav Stresemann* nachgewiesen haben soll. Von der gelegentlichen Kauflust zur dauernden Kaufwut und dem Wegbeißen bei Sonderangeboten und sich immer wiederholenden Schlußverkäufen (wann ist mit denen selbst Schluß?) war es dann nicht mehr weit.

Ich glaube, die Krankheit wird nur ein Ende haben, wenn die ganze Industrieproduktion sofort in die heimischen Lagerhäuser umgeleitet wird, Home-Dependancen als Warenhausersatz, unsere lieben Frauen zugleich als Verkäuferinnen und Käuferinnen.

Eigentlich ist die Kaufwut als Form der Habgier nur bei größeren Objekten erlaubt, wo sie ja dann auch logischerweise meist von Männern betrieben wird und gesetzlich geschützt ist. Es existiert bereits eine neue Spezies menschlicher Mutation, der homo consumentis imaginaris (h.c.i.), was bedeutet, daß dieser Habenwollenmensch schon über die primitive Stufe des Einverleibens (Kaufens) hinausgekommen ist zu einer zwar verfeinerten, aber desto mehr vom Kaufvorgang abhängigen Form des Konsumierens.

Die Grundlage bildet das, was die Amerikaner window-shopping nennen, also Kaufmöglichkeiten ins Auge fassen, ohne sie in jedem Fall wahrzunehmen. Nicht unbedingt das Kaufen, als vielmehr das Kaufenkönnen ist der Antrieb dieses Zeit-vertreibens, die Lust, sich imaginär in den Zustand zu versetzen, als kaufe man alle die Dinge, die man haben möchte.

Es müßte uns sehr überrascht haben – in Wirklichkeit haben wir es aber gar nicht als folgenreich angesehen oder nur als Masche belächelt –, als die Nutznießer dieser Eigenart ohne jegliche psychologische Untersuchung vor einigen Jahren spontan ihre nach Sortimenten wohlgeordneten Artikel in Art eines Plunderladens auf Haufen zusammenwarfen, so daß der Anreiz, *»sich mit der Sache zu beschäftigen«*, noch größer wurde, da die Übersicht für die Verführten vollends verlorenging.

Eine ganz verfeinerte Form des h. c. i. ist derjenige Mensch, der sich das, was er eigentlich kaufen möchte, auch kaufen könnte (weil er die nötigen Mittel dafür hat), aber lächelnd verzichtet, weil jeder weiß, daß er sich den Drittwagen leisten könnte, auch wenn er ihn nicht hat, so daß er sogar noch mit seinem Verzicht kokettieren kann.

Eine andere, viel wichtigere Eigenschaft des h. c. i. ist aber die, daß er mit seiner Kauf- vielleicht mehr sogar noch mit seiner Nichtkaufentscheidung Macht ausübt. Die den ganzen Tag mit idiotischer Arbeit unterdrückte »Schreibmaschinenbearbeiterin« nimmt nach Dienstschluß (oder auch zwischendrin) jede Gelegenheit wahr, die Rollen zwischen Herrschenden und Beherrschten als Käuferin oder Nichtkäuferin in Geschäften und Kaufhäusern (welch ein Wort!) zu vertauschen; das Aschenputtel wird augenblicklich zur Königin – wenn auch nur zeitweise und immer auf die Gefahr hin, mit einem Teil des Geldes, für das sie tagsüber sinnlose Arbeit leistete, diese Lust bezahlen zu müssen.

Man hat also bisher den Vorgang des Kaufen-Aneignens viel zu sehr in Verbindung gebracht mit dem Erwerben von Materiellem. Der Vorgang des Kaufen-Wollens (Könnens) ist aber längst über den eigentlichen Anlaß hinausgewachsen, kann sich von ihm gar entfernen. Es gibt erstaunliche Modifizierungen bei diesem Kaufenkönnen, die sich vom Erwerb einer Ware, die gar meist noch einen, wenn auch geringen Gegenwert besitzt, entfernen.

So habe ich selbst einen Fall erlebt, daß eine Frau gegen Gebrauchsartikel, die sie sich (in Mengen unterschiedlichster Ausführung) zusammengekauft hatte, »weil sie sie benötigte«, völlig wertlose Muscheln an einem Urlaubsstrand eintauschte, von denen sie nicht einmal wußte, was sie damit anfangen würde; sie war mit der Freude auf das »Geschäft«, das sie machen würde, lange beschäftigt, mit der Freude am Besitz, der bald in einer Schublade verschwand, aber weniger lange.

Wie man schon bei der Art der Präsentation von Waren in Geschäften ablesen konnte, so sind auch in diesem Falle des Tauschhandels die kommerziellen Institutionen, die längst den Status des honorigen hanseatischen Kaufmannsstandes als historisches Relikt hinter sich gelassen haben, den Psychologen/Schreibern voraus: Zunehmend entstehen Läden, die lediglich dadurch existieren, daß sie Käuferinnen/Waren zusammenführen, Tauschläden oder Provisions-secondhand-shops. Hierbei wird, wie anschaulich im Muschelbeispiel dargestellt, der wirtschaftliche Wert, der beim Kaufen ja immer noch in irgendeiner Weise vorhanden ist, nahezu annulliert; dies geschieht ganz bewußt, denn derjenige der Partner, der sich von einem Stück trennt, weiß ja im allgemeinen auch den dafür gezahlten Einstandspreis.

An dieser Stelle schließt sich wieder der Kreis zum Kaufen/Habenwollen, weil auch beim Tausch, der nichts mehr gemeinsam hat mit den Not-Tauschbörsen in der Nachkriegszeit, die weitere Grundlage, nämlich des Gebrauchen/Benutzen, allmählich immer weiter verlorengeht.

Nie werde ich den Anblick vergessen, der sich mir bei der Begutachtung einer von einer Witwe bewohnten älteren Villa auf dem Speicher bot, dessen Besichtigung man mir zunächst unter allerlei fadenscheinigen Argumenten vorenthalten wollte: meterhoch lagen dort Kleider aufeinander, Abendroben, Sportdresse, Kostüme, Blusen... Auf meine Frage, wann die Besitzerin das wohl alles getragen haben mochte, antwortete sie, daß sie das meiste nur gekauft hätte, ohne es zu benutzen. Sie hatte einfach die Bodenluke geöffnet und es auf den Dachboden geworfen.

Sicher ist dies eine extreme Situation; aber ich kann bestätigen, daß es sich um eine ganz normale, vielleicht etwas asozial angehauchte Frau gehandelt hat. Wir alle können in unserem Bekanntenkreis ähnliche Erfahrungen machen, wenn wir einmal die laufenden Meter Kleiderschränke (heute bereits ein Verkaufsargument beim Wohnungsverkauf!) untersuchen, die Menschen anfüllen, die jeden zweiten Augenblick »nichts Passendes anzuziehen» haben.

Es gibt aber noch einen weiteren Gesichtspunkt unter dem Kaufen/Tauschen/Habenwollen neben der bekannten Analyse, daß Neid auf die Konkurrenten eine Rolle spielt, zu betrachten ist, wiederum nicht notwendigerweise mit dem Vorgang des Kaufens selbst verknüpft, das ist das Informiertsein über das Angebot des zur Verfügung gestellten zu Habenden.

Hören Sie einmal zu, wie auf einer »Party« die Frau Meier eifrig sagt: *»Heute sind die ersten Erdbeeren angeboten worden«* und die Frau Schulze genüßlich antwortet, *»ja, sie waren schon gestern da, aber sie schienen mir noch zu sauer«*... In ähnlicher Weise hat man darüber informiert zu sein, welche Kleiderschränke in welchem Imitationsstil wo zu welchem Preis angeboten werden, obwohl man selbst mit dieser Information sonst gar nichts anfangen will, weil man keinen Kleiderschrank braucht und nicht einmal kaufen will.

Es ist erstaunlich, welche Mühe man dabei auf sich nimmt, um ständig über das Angebot auf dem laufenden zu sein. Mir ist ein Fall bekannt, wo eine Frau, die gern am Wochenende ausschlafen würde, jeden Sonnabend ganz früh auf den Markt geht, um *»noch alles gesehen zu haben«*, was es auch Stunden später noch sicher gibt und wovon sie das wenigste kauft.

Über die angewandten Verführungsmethoden gibt es dem vielerlei Geschriebenen wenig hinzuzufügen. Vielleicht nur ein Beispiel für die subtilen Werbungsmethoden. Eine Annonce in einer Tageszeitung: *»Für die Dame über 200 hochwertige Blusen in romantischen oder sportlichen Formen...«*

Natürlich ist mit dieser Anzeige gemeint, daß diese Blusen für Damen (Plural) bestimmt sind. Aber mit dem grammatischen Fehler wird der (jeweils einzelnen) Leserin suggeriert, daß diese 200 Blusen allein für sie bestimmt sind, 200 Blusen für eine Dame.

Noch schnell ein Rückblick, wie alles angefangen hat und welche Anteile an der Volkswirtschaft *»Textil«* hat.

Im Jahre 1785 werden in *Sachsen* die ersten Spinnmaschinen aufgestellt, 2000 sind es 15 Jahre später allein in diesem Land. Um diese Zeit werden neben den ersten Lohnarbeitern oft Landstreicher, Bettler und Häftlinge an den Maschinen beschäftigt. Manche Tuchfabriken werden ausschließlich von Gefangenen betrieben.

Die fünfziger Jahre unseres Jahrhunderts sind der Höhepunkt der Macht dieses speziellen Marktes. Nicht nur der Anteil des für Mode ausgegebenen Geldes stieg auf ein Maximum, sondern das Interesse nahezu aller Altersgruppen und sozialer Schichten an Mode war groß. Die Tendenz ist abnehmend. Ein Textilfachmann:

»Als empfindliche Konsumbremsen wirken zur Zeit fehlende neue Modetrends. ›Die Nerven behalten‹ gehört auch für routinierte Firmenchefs in diesen Tagen zur wichtigsten Devise.«

Die Bekleidungsindustrie ist in der Bundesrepublik einer der größten Industriezweige mit 260000 Beschäftigten. 1978 machte allein die Damenoberbekleidungsindustrie mit 120000 Beschäftigten einen Umsatz von rund neun Milliarden Mark. Von der Damenmode leben darüber hinaus rund 10000 Einzelhandelsgeschäfte mit rund 100000 Beschäftigten, Herrenmode, Handarbeiten und die vielen Geschäfte, die daneben Mode führen, nicht gerechnet.

Das ist aber nur ein Teil des »Marktes«, der kleinere; aus Einfuhren ist noch der größere dazuzurechnen.

So kann in einem Fachblatt nachgelesen werden:

»Woran liegt es eigentlich, daß in der Öffentlichkeit und auch bei vielen Politikern den Problemen der Stahlindustrie ein wesentlich höherer Stellenwert eingeräumt wird als denen der Textilindustrie? Wir versuchen zur Zeit, Journalisten und Politikern an den Verstand zu bringen, daß das Gewicht von Textil in der Volkswirtschaft eher größer ist als das der

Stahlindustrie... Es wird leicht vergessen, daß die Textilindustrie mit ihren Standorten außerhalb der Ballungsräume und ihrer hohen Frauenbeschäftigung unersetzbar ist.

Textil ist mindestens so wichtig wie Stahl, das werden wir jetzt unverdrossen denen, die es angeht, einhämmern, ob sie es hören wollen oder nicht.«

Im Wirtschaftsteil einer Tageszeitung (Ende 81) wird die Lage schon deutlicher dargestellt!

»Für die deutschen Hersteller wird der Textilmarkt immer engmaschiger. Darüber kann auch der erwartete Weltumsatz von drei Milliarden Mark der Hoechst AG im Fasergeschäft nicht hinwegtäuschen. Konnte der Chemiefaserproduzent mit einer jährlichen Gesamtkapazität von 600000 Tonnen den Absatz in den USA während der ersten Jahreshälfte weiter ausbauen, sorgte die konjunkturelle Entwicklung in den Sommermonaten für eine empfindliche Beruhigung auf dem amerikanischen Markt.

Nach wie vor gehören die Überkapazitäten, randvolle Lager und stillstehende Anlagen zu den ungelösten Problemen der westeuropäischen Faserhersteller. Sie erreichen inzwischen 600000 Tonnen. Hoechst erwartet gegenüber dem Vorjahr, in dem Europas Chemiefaserindustrie Verluste in Höhe von 2,6 Milliarden Mark verkraften mußte, für 1981 eine Nachfragesteigerung von voraussichtlich einem Prozent. Eine Besserung ist nach Meinung der Geschäftsleitung nur noch über neue Exportmärkte in Drittländern möglich. Im westlichen Europa bestehen kaum noch Aussichten, den Absatz zu beleben.«

Es kündigt sich also auch hier ein Ende des Wachstums an. Tun wir als Summe einzelner mit Verantwortung alles, daß es mindestens so bleibt.

Anhang 3: Nachweise – Verzeichnisse – Register

Hinweise

Es wurde bewußt darauf verzichtet (soweit möglich), Darstellungen in Form von »Schnitten« zu bringen, weil die Umsetzung einer Idee durch den Leser selbst erfolgen soll, der dadurch nicht einfach zum Reproduzierenden gemacht wird.

Mit der gewählten Darstellungsform soll ermöglicht werden, daß jedermann, also auch insbesondere jeder Mann ohne Vorkenntnisse als Schneider, Näher, Stricker, in der Lage ist, seine Kleidung selbst zu entwickeln und herzustellen.

Ich habe der Sammlerin Eva Larraß herzlich zu danken. Sie hat mich auf spezielle Literatur aufmerksam gemacht und mir gestattet, Bücher aus ihrer umfangreichen Privatbücherei »Mode, Tracht, Kostüm« zu entleihen.

Für die dargestellten Modelle sowie die Fotos und Zeichnungen liegt das Copyright beim Verfasser (Foto 1 und Foto 2 sind Repros). Die Zeichnungen (ausgenommen Zeichnungen 1 und Zeichnungen 3) entstanden nach der Natur bzw. in den Museen, gelegentlich auch nach fotografischen oder anderen Vorlagen. Sie sind schematisch so dargestellt, daß das im Zusammenhang mit dem Text Wesentliche in Erscheinung tritt. Muster und Ornamente sind meist weggelassen, Nähte (N) nur dann dargestellt, wenn dies zur Erläuterung notwendig war. In den Zeichnungen bedeutet RV Reißverschluß, KL Klett.

Die Fotos sind durchlaufend numeriert.

Die Fotos 4–36 stellen, abgesehen von 34, Modelle dar, die vom Verfasser entwickelt wurden.

Zeichnungen, die Modelle des Verfassers zeigen, sind die Zeichnungen 6, 10, 13, 19, 22, 24–28, 32, 33, 35 und 36.

Die Verwendung von Modellen oder Teilen bzw. Ideen des Verfassers ist ohne schriftliche Zustimmung nicht gestattet.

Literatur und Quellen

Aufgenommen sind die Titel, die bei der Bearbeitung des Themas verwendet wurden und ergänzend diejenigen, welche zur Vertiefung spezieller Einzelthemen (so z. B. der sogenannten Reformkleidung) besonders wichtig sind. Nicht in den engeren Themenbereich gehörende Literatur, aus der jedoch zitiert wird, wurde nur im Text selbst (in Klammern) angegeben.

Abraham a Santa Clara, Etwas für alle. Kurze Beschreibung allerlei Stands-, Amts- und Gewerbepersonen, Olten, 1947

Alberti, L. B., Tre libri della famiglia, Florenz, 1946
Anmuth und Schönheit, Die Bibliophilen TB Nr. 21, Dortmund
Arbeiterjugendbewegung in Frankfurt 1904–45, Frankfurt, 1978
Arkin, Dr., Wege der russischen Kunstindustrie, in: *Das neue Rußland,* 2. Jg., Heft 7/8, Berlin, 1925

Barthes, R., Système de la Mode, Paris, 1967
Battersby, M., The decorative Twenties, London, 1969
Bauer, M., Die deutsche Frau in der Vergangenheit, Berlin, 1907
Bazar, Der, Erste Damen- und Modenzeitung, Berlin/Wien, 1922
Beard, M.R., Woman as a Force in History, New York, 1952
Bertuch, F.J. u. Kraus, G.M., Journal des Luxus und der Mode, Leipzig, 1968
Birket-Smith, K., Geschichte der Kultur, Zürich, 1946
Bleckwenn, R., Kleidung und Mode, Baltmannsweiler, 1981
Bloor, D.C., The Life and Writings of Amelia Bloomer, Boston, 1895
Boehn, M. von, Bekleidungskunst und Mode, München, 1918
Brenninkmeyer, I. von, The Sociology of Fashion, Köln/Opladen, 1963
Büchner, L., Die Frauen und ihr Beruf, Leipzig, 1855 (anonym), Darmstadt, 1981

Curtius, M. u. Hund, W., Mode und Gesellschaft, Frankfurt, 1971

Deneken, Dr. F., Alfred Mohrbutter. Ein Lebensbild, Krefeld, 1916
Dorner, J., Fashion in the Twenties & Thirties, London, 1973 und 1975

Eelking, B. von, Das Bildnis des eleganten Mannes, Berlin, 1962
Eisenbarrt, L.C., Kleiderordnungen der deutschen Städte zwischen 1350 und 1700, Göttingen, 1962
Engels, F., Der Ursprung der Familie, des Privateigentums und des Staates, Berlin, 1949
Ewing, E., History of the Twentieth century Fashion, London, 1975
Exter, A., In konstruktiver Kleidung, In: Atelier Nr. 1/1923

Flügel, J.C., The Psychology of Clothes, London/New York, 1976
Flury-Lemberg, M. und Stolleis, K., Hrsg., Documenta Textilia, München, 1981
Forester, C.W., Success Through Dress, London, 1925

Goldene Schnitt, Der, Wien, 1980
Gorsline, D., What People Wore, New York, 1952

Heiden, M., Die Textilindustrie des Altertums bis zur Neuzeit, Berlin, 1909
Hillmann, G., Aus den Schriften von Friedrich Engels: Über die Umwelt der arbeitenden Klasse, Gütersloh, 1970
Hollander, A., Seeing through Clothes, New York, 1978

Jaeger, G., Essays in Health Culture, London, 1887
Jünger, A., Kleidung und Umwelt in Afrika, Leipzig, 1926
Jung, C. G., Der Mensch und seine Symbole, Olten, 1968

Koenig, O., Kultur und Verhaltensforschung, München, 1970
König, R., Kleider und Leute, Zur Soziologie der Mode, Frankfurt, 1967
König, R., Macht und Reiz der Mode, Düsseldorf/Wien, 1971
König, R., Die Mode in der menschlichen Gesellschaft, Zürich, 1958
Kontor, K., Die sozialen Grundlagen der industriellen Kunst, in: *Iskusstwo i promyschlennost,* Moskau, 1967
Künstlerinnen der russischen Avantgarde, 1910–1930, Köln, 1979

Lahmann, H., Die Reform der Kleidung, Stuttgart, 1898
Lamanowa, N.P., Über die Zweckmäßigkeit der Bekleidung, in: T. Strishenowa a.a.O.
Latour, A., Magier der Mode, Stuttgart, 1956
Laver, J., Die Mode, Wien–München, Zürich, 1969
Lessing, J., Der Modeteufel, Berlin 1884
Loos, A., Ins Leere gesprochen, Wien, 1981
Loschek, I., Mode im 20. Jahrhundert. Eine Kulturgeschichte unserer Zeit, München, 1978
Lurie, A., The Language of Clothes, New York, 1981

Mansfield, A. und Cunnigton, P., Hand book of English costume in the Twentieth Century, 1900–1950, London, 1973
Mohrbutter, A., Das Kleid der Frau, Darmstadt und Leipzig, 1904
Morris, W., News from Nowhere, London, 1891
Muthesius, A., Die Ausstellung künstlerischer Frauenkleider im Warenhaus Wertheim, Berlin, in: Deutsche Kunst und Dekoration, Bd. XIV/1904
Muthesius, A., Das Frauenkleid in England, in: Deutsche Kunst und Dekoration, Bd. XVII/Okt. 1905–März 1906

Newton, S.M., Health, Art und Rason, London, 1974
Nienholdt, E., Kostümkunde. Ein Handbuch für Sammler und Liebhaber, Braunschweig, 1961

Packard, V., Die große Verschwendung, Düsseldorf/Wien, 1961
Pesch, G., Das Moderisiko in der Textilwirtschaft, Münster, 1973
Petrascheck-Heim, I., Die Sprache der Kleidung, Wien, 1966
Pudor, H., Frauen Reform Kleidung, Leipzig, 1903
Pulver, C., Kleines Handbuch der Emanzipation, Darmstadt, 1975

Reimann, A., Die Reimannschule in Berlin, Berlin, 1966
Rodtschenko, A. und Stepanova, W., Katalog, Duisburg, 1982

Sachs, H., Die Frau in der Renaissance, Leipzig, 1971
Scheffer, T. von, Die Kultur der Griechen, Stuttgart, o.J.
Scheinfuß, K., Von Brutus zu Marat, Dresden, 1973
Schmelzeisen, G.K., Die Rechtsstellung der Frau in der deutschen Stadtwirtschaft, Stuttgart, 1935
Schnack, F., Die Welt der Arbeit in der Kunst, Stuttgart, 1966
Schönfeld, S., Kulturgeschichte des Herrn, Hamburg, 1965
Schultze-Naumburg, P., Die Kultur des weiblichen Körpers als Grundlage der Frauenkleidung, Leipzig, 1901

Simmel, G., Philosophie der Mode, Berlin, 1905
Sombart, W., Wirtschaft und Mode, Wiesbaden, 1902
Springschitz, L., Wiener Mode im Wandel der Zeit, Wien, 1949
Stepanowa, W., Die Bekleidung des heutigen Tages – Die Berufskleidung, in: *LEF* Nr. 2/1923
Stockar, J., Mode durch die Jahrhunderte, Zürich, 1974
Stolten, I., Der Hunger nach Erfahrung, Bonn, 1981
Strauss, M.T., Jugend und Mode, München, 1964
Strižènova, T., Moda e Rivoluzione, Milano, 1979

Thiel, E., Künstler und Mode, Berlin (Ost), 1979
Tilke, M., Kostümschnitte und Gewandformen aller Zeiten und Völker vom Altertum bis zur Neuzeit, Tübingen, 1964

Velde, H. van de, Die künstlerische Hebung der Frauentracht, Krefeld, 1900
Velde, H. van de, Das neue Kunstprinzip in der modernen Frauenkleidung, in: Deutsche Kunst und Dekoration, Bd. X/April–Sept. 1902

Wackendorf, H., Die wirtschaftliche Stellung der Frau in den deutschen Städten des späteren Mittelalters, Hamburg, 1934

Namenregister

Die russische Schreibweise der Eigennamen kann im Text voneinander abweichen (Alexksandra = Alexandra). Gewählt ist jeweils die Schreibweise, wie sie der Fundstelle entspricht.
Die Namen im Literaturverzeichnis sind nicht nochmals im Register aufgeführt.

Altenberg, P. 121
Armani, G. 57
Ashbee, C. R. 105
Augustus 22

Balint 10
Barthes 127
Baumeister 8
Béchoff-David 107
Behrens, P. 98, 101, 105
Berlepsch 98
Bernhardt, S. 109
Beuys, J. 127
Bloomer, A. 27, 28, 95, 107, 108
Boehn, M. von 93
Brando, M. 132
Brandt, S. 96
Brummel, G. 28
Büchner, G. 103
Büchner, L. 103
Burgkmair, H. 24
Burne-Jones, E. 105
Buschmann, H. 95, 102, 105, 117, 118

Cardin, P. 30
Carlyle, T. 117
Cerruti, N. 29
Chanel, C. 37, 133
Christo 24
Cicero 127
Cook, J. 5
Cornelius Agrippa von Nettesheim 96
Courrèges 30
Cranach, L. 102
Curtmann, W. 103

Darwin, C. 5
Daumier, H. 6
David, J. L. 108
Degas, E. 104
Deneken 98
Denis, M. 105
Diefenbach 97
Dior, C. 30
Drecoll 107
Dürer, A. 102

Elk, G. von 25
Endell, A. 105
Engels, F. 116, 117
Exter, E. 110, 111

Feuerbach, A. 103
Flügel, J. C. 13, 128
Fourier, C. 93
Friedrich II. 125
Friedrich Wilhelm II. 106

Gerson, H. 109
Givenchy 30
Glückel von Hameln 87, 88
Godwin, E. W. 99
Gropius, W. 113
Gustav Adolf 136
Guttzeit 97

Hamann, R. 102, 109
Hart, E. 52
Hermès 29
Hoeffel, H. v. 9
Hoffmann, J. 105, 122, 123

Itten, J. 111

Jaeger, G. 42, 95, 97
Jaeger, J. 95, 102
Jäger, H. u. A. 97
Joseph II. 125

Karl d. Gr. 124, 125
Katzenberger, H. 95
Klein, C. 129
Kneipp, S. 97
Knize 122
König, R. 13, 142
Kreisky, B. 108
Kulvinka, V. 48

Lahmann 97
Lamànova, N. 36, 111, 112, 114
Laotse 15
Leigh, V. 37
Lenin, W. 116
Lévi-Strauss, C. 11
Lobb, J. 29
Loos, A. 38, 80, 85, 107, 109, 120, 121, 122, 123
Ludwig XVI. 106
Luis, J. 96
Luise, Königin 106
Luther, M. 35

Machiavell 125
Makàrova, N. 36, 114
Makart, H. 103
Malewitsch, K. 111
Margarethe von Österreich 125
Marx, K. 116
Mayreder, R. 122
Meit, C. 125
Mendes, C. 121
Meyer, H. 113
Michelangelo 102
Mill, J. S. 52
Mirabeau 106, 108
Mohamed 4
Mohrbutter, A. 95, 98, 101, 105
Morris, J. 135
Morris, W. 17, 99, 101, 104, 105
Mucha, A. 105
Muchina, V. 36, 114
Mühsam, E. 116
Muthesius, A. 101, 118
Muthesius, H. 101, 107

Nachtigal, G. 5
Napoleon 107
Newton, S. M. 51

Obrist, H. 98, 105
Olbrich, J. M. 105
Oldenburg, C. 25
Otto II. 124

Pankok, B. 98, 105
Paquin 107
Paul, B. 105
Petrarca, F. 27
Pettenkofer, M. von 96
Pochhammer, M. 93
Poiret, P. 48, 105, 107
Popawa, L. 111
Pribylskaja 36, 114
Proust, M. 29
Puckett, B. E. 94
Pudor 97

Riemerschmidt, R. 98, 105
Rodtschenko, A. N. 111, 112
Rozanowa, O. 111

Sacher-Masoch 121
Saint-Laurent, Y. 30
Saint-Phalle, N. de 47
Saint-Simon 93
Saizew, S. 114
Savonarola, G. 96
Schiaparelli, E. 37
Schiller, F. 37, 125
Schulze-Naumburg, P. 95, 97, 102
Segal, G. 25
Semper, G. 122
Sergent, A. F. 108
Singer-Sargent, J. 103, 104
Sombart, W. 115, 142
Steiner, R. 109
Stepanova, W. 111
Straßburg, O. 95, 99
Stresemann, G. 144
Strižènova, T. 113
Sylvestre, A. 121

Tatlin, W. 40, 110, 111
Toller, E. 116
Torres, R. 64
Tussaud 52

Vanderbilt, G. 129
Velde, H. van de 98, 99, 101, 105, 119
Velde, T. van de 97
Versace, G. 29
Vinci, L. da 102
Vuillard, E. 105

Wagner, O. 105
Walther, F. E. 25
Whistler, J. 105
Wimmer, J. 105
Wirminghaus, E. 93
Wolpert 10
Wolzogen, I. von 95, 102
Worth, C. F. 109

Sachregister

Die Querverweisungen sollen es dem Leser ermöglichen, auch Themenbereiche, die nicht in den einzelnen Kapiteln behandelt sind, im Zusammenhang zu studieren. Unter dem Sachbegriff sind auch die Wörter gegenteiligen Sinns zu finden (Beispiel: Bequemlichkeit. S. 17 = Unbequemlichkeit). Weiterhin sind Wörter ähnlichen Sinns unter einem Begriff zusammengefaßt (Beispiel: Selbstverwirklichung. S. 17 = Selbstbestimmung). Im Register sind auch Textstellen aufgeführt, die das eigentliche Stichwort nicht aufweisen, wohl aber seinem Sinn entsprechen (Beispiel: Gestaltung S. 57). Es versteht sich wohl von selbst, daß die Stichworte dieses Registers inhaltlich dem Thema dieses Buches entsprechend zu interpretieren sind (Beispiel: Behälter = Kleidung als Behälter).

Accessoires 6, 14, 28, 103, 122
Addition 19, 43, 44, 88, 89, 91
Alltagskultur 11, 12, 60, 61
alternativ 9, 54, 78, 102, 129, 142
American way of life 131
Armut 37, 60, 86, 93, 117
Ausbeutung 30, 33, 87, 130, 143
Ausstellungen 52, 99, 141

Bauhaus 110, 111
Behälter 14, 23, 24, 39, 63, 66, 68, 71, 74, 75, 91, 92
Bequemlichkeit 13, 15, 17, 26, 62, 69, 71, 78, 81, 94, 97, 100, 111, 113, 118, 139, 140
Bescheidenheit 35, 37, 58, 102
Bewußtsein (-sänderung) 49, 52, 102, 104, 105
billig 34, 37, 57, 58, 82, 88
Birkebeiner 85
Boutique 5, 30, 145
broad-cloth 117
Bundschuh 85, 105, 141

Couturier 8, 30, 99, 104–108, 120, 132

Dadaismus 109
Dämmung 9, 20
Diktatur 27, 28, 30, 37, 48, 108, 109, 122, 130, 132, 134, 137, 139, 141
Drapierung 7, 8, 16, 18, 21, 25, 42, 47, 102, 118
Druckknopf 18, 47, 76

Eigenkleid 119
Einfachheit 8, 17, 32, 35–38, 43, 46, 51, 54, 58, 59, 64, 86, 101, 111, 116, 118, 123, 124, 125, 126, 140
Emanzipation 27–30, 43, 51, 52, 85, 94, 96, 98, 99, 102, 103, 106, 107, 121, 122, 124, 141, 143

Farbe 36, 42, 46, 47, 48, 106, 113, 115, 143
Feuchtigkeit 9, 78, 96
Folklore 11, 47, 54, 96, 134
Freizeit 13, 15, 32, 58, 78, 85, 87, 140
Funktionalismus 100, 117, 119, 127
Fustian-Jackets 117

Galabiya 15, 16, 24, 70, 71, 140
Gammler 28
Gesamtkunstwerk 98, 99, 111
Gestaltung 6, 7, 15, 16, 36, 57, 78, 82, 96, 98, 101, 108, 113
Gesundheit 8, 9, 78, 79, 82, 86, 88, 89, 90, 93, 96, 97, 100, 105, 110, 111, 116, 117, 140
Gleichheit 5, 8, 13, 16, 27, 29, 93, 98, 106, 108, 119, 129, 132

Haute Couture 30, 104, 109
Herrschaft 26, 28, 36, 38, 80, 85, 87, 104, 106, 108, 124, 139, 145
Herstellung (-sbedingungen) 8, 27, 32, 35, 39, 42, 44, 70–76, 81, 90, 91, 98, 101, 102, 117, 118, 127, 139, 143
Hülle 7, 8, 11, 20, 23, 24, 68, 99

Inchuk 111
individuell 7–9, 13, 17, 27, 40, 42, 43, 46, 61, 66, 82, 100, 107, 114, 115, 118, 119, 127, 129, 134, 137, 138, 139, 142, 148
Industrialisierung 52, 102, 107, 108, 143

Industrie (Textil-) 27, 43, 47, 87, 94, 102, 111, 131, 144, 147, 148

Journalismus 52, 93, 100–104, 107, 108, 110–116, 120–122, 133, 147

Kapitalismus 102, 115, 130, 142, 143
Kaufhaus 8, 46, 93, 118, 119, 127, 143 bis 145
Kleiderordnungen (-verbote) 16, 30, 96, 117, 124, 130, 141
Klett 14, 18, 39, 47, 65, 67, 68, 70–75
Kommerz 78, 104, 111, 132, 142
Konstruktivismus 44, 110, 111, 117
Konsum 33, 34, 58, 78, 115, 128, 133, 144
Konvention 7, 22, 27, 63, 85, 95, 97, 106, 107, 123, 124, 127–133, 137, 140
Korsett 94, 97, 99, 100, 106, 116, 117

Markt 27, 132, 142, 143, 147
Massenfabrikation (-artikel) 33, 34, 88, 111, 114, 119
Masse 33, 96, 111, 116, 121, 129, 134
Mitläufer-Effekt 128
Modezeitschriften 93, 99, 100, 104, 107, 118

Nachvollziehbarkeit 69, 70, 82
Nacktheit 5, 6, 7, 11, 126
Natürlichkeit 5, 6, 7, 14, 22, 46, 49, 82, 83, 97, 110, 116

Opinion Leader 101
Ornament 11, 36, 38, 43–47, 55, 60, 61, 77, 101–104, 109, 117–120
Overdressed 137

Pantalons 56, 106, 124
Paradiesvögel 134
Pflege 48–50, 60, 72, 86, 91, 128
Politik 36, 52, 105, 110, 131, 132, 147
Popper 126, 134
praktisch 35, 36, 62, 86, 88, 97, 100, 108, 111, 119, 129
prêt-à-porter 30
Primitive 5, 6, 8, 16, 54, 55, 60
Privilegierte 99, 106, 108
Prolos 134
Punker 37, 134
Purismus 30

Qualität 33, 34, 37, 46, 66, 123, 129
Quantität 33, 34

Rayonismus 111
Reform (-kleidung) 12, 15, 28, 42, 51 bis 54, 59, 63–67, 70, 77, 93–110, 113, 114, 117, 119, 120, 123
Reißverschluß 14, 18, 47, 64, 65, 66, 76, 90
Reparatur 14, 38, 39, 40, 60, 61, 82, 86, 131
Repräsentation 7, 11, 16, 23, 26, 81, 85
Restauration 7, 34, 98, 102
Revolutionen 27, 28, 36, 56, 63, 85, 96, 97, 104–108, 116, 123, 124, 141
Roller 134

Sansculotte 56, 124
Schamhaftigkeit 6, 7, 120
Schnitt 8, 13–17, 21, 32, 35, 38, 40–44, 46, 50, 51, 54, 56, 65, 67, 103, 110, 118
second-hand-shop 34, 134, 146
Selbstmachen 32, 35, 40, 62, 63, 70–76, 86, 111, 118
Selbstverwirklichung (-befreiung) 17, 27, 33, 34, 51, 53, 58, 118, 142
Sinn 16, 23
sinnvoll 6–8, 15–18, 21, 22, 35, 53–56, 88, 96, 103, 118, 119, 126, 129, 133, 137, 145
Sitz 26, 32, 63–68, 81, 84, 86
Snobs 134
sozial 80, 81, 93, 105, 109, 121, 124, 130, 142, 143, 146, 147
Sozialismus 93, 114
Sport 48, 90, 100, 124, 127, 129, 132, 133, 146
Stijl, De 110
Stoff 5, 8, 11–16, 24, 25, 31–44, 46, 50, 54, 56, 67, 68, 75, 86, 87, 89, 97, 99, 102, 111, 117, 140, 143
Suprematismus 109, 111
Symbol 28, 80, 86, 127, 128

Tracht 54, 93, 96, 111, 124, 125, 130, 134, 138, 139
Tradition 22, 32, 53

Utility clothes 37

Variationsfähigkeit 8, 14, 17, 40, 42, 73, 74, 86, 90, 91, 93
Veralterung 13, 34, 35, 47, 77, 94, 99, 129, 130
Vereinigungen 14, 94, 96, 101, 102, 104, 109, 111, 117, 131
Vergangenheit 6, 11, 25
Verkleidung 11, 13, 106, 141
Vernunft 9, 28, 30, 37, 49, 51, 53, 58, 78, 88, 131, 135, 142
Verpackung 16, 18, 23, 24, 25
Vorbilder 18, 30, 31, 37, 41, 52–57, 62, 74, 107, 109, 114, 117, 121, 124–126, 129, 132, 138, 144
Wchutemas 111
Wegwerf 14, 33, 34, 38, 39, 61, 65, 66, 119, 131, 142
Werkbund 14, 101, 102, 109
Wert 10, 13, 22, 34, 35, 38, 39, 44, 58, 59, 60, 84, 100, 102, 118
Wiederverwendung 35, 38, 39, 40, 86
Window-shopping 144
Wohlbefinden 42, 49, 84, 139
Wooleners 48

Zeichen 22, 35, 85, 86, 105, 133–138